Gerhard Schwengler

Training Deutsche Grammatik Wortarten

5. / 6. SCHULJAHR

BEILAGE: LÖSUNGSHEFT

Ernst Klett Verlag
Stuttgart Düsseldorf Leipzig

Der Band stellt eine gekürzte und verbesserte Fassung des Buches Training Grammatik Wortarten, Klettbuch 922058 dar.

Gedruckt auf Papier, das aus chlorfrei gebleichtem Zellstoff hergestellt wurde.

Die Deutsche Bibliothek – CIP Einheitsaufnahme

Ein Titeldatensatz für diese Publikation ist bei Der Deutschen Bibliothek erhältlich

3. Auflage 2000
Dieses Werk folgt der reformierten Rechtschreibung und Zeichensetzung.

Internetadresse: http://www.klett-verlag.de/klett-lerntraining
E-Mail: klett-kundenservice@klett-mail.de
Satz: Schwabenverlag, Ostfildern
Druck: Wilhelm Röck, Weinsberg
Innen- und Einbandgestaltung: Bayerl & Ost, Frankfurt/M.
ISBN 3-12-922092-5

I N H A L T

Liebe Schülerin, lieber Schüler,

dieses Buch will dir helfen, deine Kenntnisse in der deutschen Grammatik aufzufrischen oder zu vertiefen.
Der Stoff ist für die Schüler der 5. und 6. Klasse weiterführender Schulen gedacht. Dabei spielt es aber keine Rolle, an welcher Art von Gymnasium oder Realschule du bist.
Auch Schüler höherer Klassen werden es sicher mit Gewinn verwenden, wenn sie Wissenslücken, die im Lauf der Zeit entstanden sind, schließen wollen.

Hinweise für eine erfolgreiche Benützung

Damit du mit Training Grammatik schnell und erfolgreich zurechtkommst, vorher einige nützliche Hinweise.

Jedes Kapitel ist folgendermaßen aufgebaut:
1. Einführung in den neuen Stoff
2. Ausführliche Informationskästen mit Beispielen
3. Übungen
4. Zusammenfassung des behandelten Stoffes und Test.

Du solltest zunächst den Anfangstext genau durchlesen, damit du siehst, worum es geht.
Die Informationskästen nennen dir dann die wichtigsten Eigenschaften der jeweiligen Wortart. Du solltest sie dir im Zweifelsfall immer wieder durchlesen, auch wenn du vielleicht bei einem anderen Kapitel bist. Zurückblättern ist nicht verboten!
In den Übungen zeigst du dann, ob du den Stoff verstanden hast und ihn richtig anwenden kannst. Lass dir dabei Zeit! Beantworte die Fragen nach Möglichkeit schriftlich. Du kannst dir den Stoff dann besser einprägen.
Es ist auch sinnvoll, wenn du die Aufgaben erst am nächsten Tag löst: So kannst du gut kontrollieren, ob der Stoff „sitzt". Mehr Spaß macht es, wenn du zusammen mit anderen diese Übungen durcharbeitest. Die Übungen sind so zahlreich, dass ihr sie euch aufteilen könnt.
Vorsicht: Betrüge dich nicht, indem du sofort im Lösungsheft nachsiehst.
Noch einen Rat zum Abschluss: Lies dir nach Beendigung des Kapitels den jeweiligen Anfangstext noch einmal durch. Du wirst merken, dass du nun den Text mit viel mehr Verständnis aufnimmst und manches siehst, was dir vorher gar nicht aufgefallen ist.
Am Ende des Buches findest du das Verzeichnis der grammatischen Fachausdrücke mit Erklärungen und Beispielen. Da kannst du immer nachsehen, wenn dir etwas unklar ist.

Nun, meine Einleitung ist damit zu Ende.
Wenn du noch den Startschuss abwartest ... Hier ist er: **Peng!!!**

1 Artikel und Substantiv

Die Geburtsstunde der Schrift

Das Gebiet des Zweistromlandes ist die Geburtsstätte unserer Schrift. Bereits vor etwa 5000 Jahren ritzten Priester des Königs keilförmige Zeichen in feuchte Tontafeln, deshalb heißt diese erste Schrift Keilschrift. Man verwendete sie z.B., um in den Tempeln der großen Städte die Tribute der Bauern aufzuzeichnen. Händler und Nomaden brachten dann durch Karawanen den Nachbarvölkern die neuen Schriftzeichen. Ungefähr zur selben Zeit erfanden die Ägypter die Hieroglyphen.
Erst in unseren Tagen ist es den Archäologen gelungen, die geheimnisvollen Zeichen zu entziffern.

In diesem Text kommen einige Substantive vor, die du wahrscheinlich noch nicht kennst. Das Wörterbuch gibt dir folgende Erklärungen:

1. Zweistromland, das	uraltes Reich zwischen den Flüssen Euphrat und Tigris im heutigen Syrien
2. Tempel, der	Gebäude, das in alten Zeiten Göttern geweiht war
3. Tribut, der	Steuer, Abgabe von Geld oder Nahrungsmitteln
4. Nomade, der	Angehöriger eines Hirten- und Wandervolkes
5. Karawane, die	reisende Gruppe von Kaufleuten
6. Hieroglyphe, die	altägyptisches Bild- und Schriftzeichen
7. Archäologe, der	Erforscher längst vergangener Völker

AUFGABE 1

Schreibe neben die Grundform des Substantivs und Artikels jeweils die entsprechende Form aus dem zusammenhängenden Text. Vergleiche die Formen.

1. Zweistromland, das ______________________

2. Tempel, der ______________________

3. Tribut, der ______________________________
4. Nomade, der ______________________________
5. Karawane, die ______________________________
6. Hieroglyphe, die ______________________________
7. Archäologe, der ______________________________

Du stellst fest:
Im Text haben sich einige Formen des Substantivs und Artikels gegenüber den Grundformen geändert, indem bestimmte Endungen angefügt wurden. Damit hast du eine wichtige Eigenschaft der beiden Wortarten erkannt.

Info

Das **Substantiv** bezeichnet Lebewesen und Gegenstände, die es in der Wirklichkeit gibt und die du wahrnehmen kannst. Man nennt so ein Wort ein **Konkretum (Gegenstandswort).**
Das Substantiv kann aber auch etwas bezeichnen, das du dir nur im Geist vorstellen kannst und das nur als Begriff vorhanden ist; solch ein Substantiv nennt man ein **Abstraktum (Begriffswort).**

Beispiele: Tempel, Tontafel, Hieroglyphe = Konkretum
Gebiet, Jahr, Nachbarvolk = Abstraktum

Der **Artikel** kommt nur zusammen mit dem Substantiv vor. Wir unterscheiden zwischen dem **unbestimmten** und **bestimmten** Artikel.
Du verwendest den unbestimmten Artikel, wenn in einem Text das Substantiv noch nicht genau festgelegt oder nicht wichtig ist. Du verwendest den bestimmten Artikel, wenn das Substantiv im Text schon einmal vorgekommen ist oder seine Bedeutung als bekannt vorausgesetzt wird. Deshalb kommt der bestimmte Artikel in einem Text meist nach dem unbestimmten.

Beispiele: Es war einmal **ein** König.
(Am Beginn des Märchens ist dir der König noch nicht bekannt.)
Der König hatte eine schöne Tochter.
(Nun kennst du den König, aber nicht seine Tochter.)

Im Text verändert sich die Form des Substantivs und des Artikels. Das nennt man deklinieren. Dabei stimmen Artikel und Substantiv in ihren Formen überein; d. h. sie sind miteinander kongruent.

Jede deklinierte Form ist durch drei Merkmale bestimmt:

1. Der **Genus** gibt das grammatische Geschlecht des Substantivs an.
2. Der **Numerus** sagt aus, ob etwas einmal oder mehrmals vorhanden ist.
3. Der **Kasus** kennzeichnet die Rolle des Substantivs im Satz.

Beispiel: Die Kinder bringen der Tante Blumen.

	Genus	Numerus	Kasus	Rolle im Satz
die Kinder	Neutrum	Plural	Nominativ	Subjekt
der Tante	Femininum	Singular	Dativ	Objekt
Blumen	Femininum	Plural	Akkusativ	Objekt

Beachte: In einigen Sprachbüchern wird das Substantiv auch als **Nomen** bezeichnet.

Genus

Info

Jedes Substantiv besitzt ein bestimmtes **Genus.** Es gibt drei Genera: **Maskulinum, Femininum und Neutrum.** Das Genus eines Substantivs erkennst du am Artikel.

Beispiele: **der** Mann, **die** Frau, **das** Kind

Man nennt das Genus auch grammatisches Geschlecht, weil es mit dem natürlichen Geschlecht von Lebewesen oft nicht übereinstimmt.

Beispiele:

	Genus	natürliches Geschlecht
die Mannschaft	Femininum	–
das Männchen	Neutrum	männlich

Beachte: Einige Substantive, die zwar gleich lauten, aber unterschiedliche Bedeutung haben, kann man nur durch den Artikel auseinanderhalten.

Beispiele: der Flur = Teil einer Wohnung, Korridor
die Flur = Feld, Wiese, Gelände

AUFGABE 2

Trage die vorgegebenen Substantive mit dem jeweils richtigen Artikel neben den passenden Begriff ein.

Mangel – Bauer – Junge – Kunde – Schild

1. Fehler: ________	Bügelmaschine: ________
2. Landmann: ________	Vogelkäfig: ________
3. junges Tier: ________	Knabe: ________
4. Meldung: ________	Käufer: ________
5. Schutzwaffe: ________	Erkennungszeichen: ________

AUFGABE 3

Bringe die Welt wieder in Ordnung, indem du den unpassenden Artikel durchstreichst und den richtigen daneben schreibst.

1. Das ________ Tau am Morgen erfrischt die müden Füße.
2. Die ________ Leiter der Schule hat eine Glatze.
3. Wie immer am Ende unserer Sportsendung: der ________ Tor des Monats!
4. Ein ________ Weihnachtskiefer wird das Schmuckstück Ihrer Wohnung!
5. Auf der ________ See tummeln sich niedliche Entchen.
6. Markklößchen stellt man aus der ________ Mark von Rinderknochen her.

Numerus

Info

Es gibt zwei **Numerusformen: Singular** und **Plural.**
Der Singular zeigt an, dass etwas nur einmal, der Plural, dass etwas mehrmals vorhanden ist.

Einige Substantive kommen wegen ihrer Bedeutung nur im Singular oder im Plural vor.

Nur im Plural: die Ferien (Gott sei Dank bestehen die Ferien immer aus mehreren freien Tagen!)

Nur im Singular: das Obst (ein Abstraktum, das mehrere Konkreta: Ananas, Apfel, Aprikose … zusammenfasst)

Beachte: Der unbestimmte Artikel hat keine Pluralformen.

Pluralformen

Die Singularform ist die Grundform, während der Plural meist Endungen anfügt. Manche Substantive verändern im Plural zusätzlich die Stammsilbe durch einen Umlaut.

Beispiele:

Singular:		Plural:
	der Nomade	die Nomade**n**
	das Nachbar**volk**	die Nachbar**völker**

Beachte: Einige Substantive mit unterschiedlicher Bedeutung, die im Singular gleich lauten, haben verschiedene Pluralformen. Meist findest du die richtige Form, wenn du sie dir zusammen mit dem Satz laut vorsprichst.

Beispiele:

Singular:	Leiter	
Plural:	die Leiter	(= Vorgesetzte, Anführer)
	die Leitern	(= Geräte zum Hinaufsteigen)

AUFGABE **4**

Bilde zu den Singularformen die Pluralformen. Ordne sie nach ihren Pluralzeichen ein.

Schädel Mund Zahn Hals
Kopf
Haar Faust Bauch Schulterblatt Knöchel
Finger Hand Knie Magen Arm Bein
Schenkel
Brust Fuß Fingernagel
Nabel

Umlaut und Endung **-er:** ______

Umlaut und Endung **-e:** ______

Umlaut und keine Endung: ______

kein Umlaut und Endung **-e:** ______

kein Umlaut und keine Endung: ______

AUFGABE **5**

Finde die richtige Pluralform und trage sie neben den passenden Begriff ein. (Notfalls musst du im Wörterbuch nachsehen.)

Mutter – Strauß – Bank – Wort – Band

1. Verwandte: ______	Schraubenteil: ______
2. Vogel: ______	Blumengebinde: ______
3. Geldunternehmen: ______	Sitzgelegenheit: ______
4. Ausspruch: ______	Bestandteil der Sprache: ______
5. Fessel: ______	Buch: ______

Kasus des Substantivs

Info

Der Kasus gibt die Rolle des Substantivs im Satz an. Das Substantiv kann im Deutschen vier Kasusformen annehmen. Du erkennst, in welchem Kasus ein Wort steht, wenn du bestimmte Fragen an den Satz stellst.

1. Nominativ	**Wer oder was …?**
2. Genitiv	**Wessen …?**
3. Dativ	**Wem …?**
4. Akkusativ	**Wen oder was …?**

Beispiel: Händler und Nomaden brachten dann durch Karawanen den Nachbarvölkern die neuen Schriftzeichen.

Der Nominativ „Händler und Nomaden" ist das Subjekt des Satzes, der Dativ „den Nachbarvölkern" und der Akkusativ „die neuen Schriftzeichen" sind die Objekte.

Kasusformen

Die Veränderung des Kasus nennt man **Deklination.**
Das Substantiv fügt dabei an den Nominativ Singular Kasusendungen an. Substantive, die in gleicher Weise dekliniert werden, fasst man in Deklinationsklassen zusammen. Es gibt drei Deklinationsklassen.

a) Die starke Deklination
Die Pluralformen fügen entweder die Endungen **-e, -er, -s** oder **gar keine** Endung an. Viele Substantive verändern außerdem die Stammsilbe. Die „starken" Substantive erkennst du vor allem an folgenden Endungen:

Genitiv Singular:	-(e)s
Dativ Plural:	-n

Beispiel:

	Singular	Plural
Nominativ	der Kopf	die **Köpfe**
Genitiv	des Kopf**es**	der **Köpfe**
Dativ	dem Kopf	den **Köpfen**
Akkusativ	den Kopf	die **Köpfe**

b) Die schwache Deklination
Alle Pluralformen enden auf -(e)**n.**

Beispiel:

	Singular	Plural
Nominativ	der Mensch	die Mensch**en**
Genitiv	des Mensch**en**	der Mensch**en**
Dativ	dem Mensch**en**	den Mensch**en**
Akkusativ	den Mensch**en**	die Mensch**en**

c) Die gemischte Deklination
Der Singular hat die Formen der starken Deklination, der Plural die Formen der schwachen Deklination.

Beispiel:

	Singular	Plural
Nominativ	das Auge	die Auge**n**
Genitiv	des Auge**s**	der Auge**n**
Dativ	dem Auge	den Auge**n**
Akkusativ	das Auge	die Auge**n**

AUFGABE 6

Trage in die Klammer den richtigen Kasus ein. Benütze folgende Abkürzungen: N(ominativ), G(enitiv), D(ativ), A(kkusativ)

Die Schrift der Chinesen

Den Chinesen (D) dienten zu Beginn nur drei Schnüre als Schreibmaterial. Sie verknüpften diese in vorgeschriebener Weise und bezeichneten z. B. mit einem Knoten den Wind ( ) und mit zwei Knoten den Donner ( ). Den Anfang ( ) der Schrift vermutet man ungefähr im Jahr 2600 v. Chr. Die chinesischen Kaiser haben durch Gesetze den Schriftzeichen ( ) eine bestimmte Form vorgeschrieben. Einem Schreiber ( ), der die Schrift absichtlich verunstaltet hat, wurden strenge Strafen angedroht. Den Entwicklungsstand ( ) der Schrift kann man gut am Schreibzeug erkennen: Nach den Schnüren benützte man als Schreibmaterial das Schilfrohr, dann einen Bund ( ) aus Pflanzen und schließlich den Pinsel ( ), mit dem man heute noch dem Papier

(   ) die seltsamen Zeichen „aufmalt“. Auch die Tusche ist eine Erfindung der Chinesen (   ). Kaum einem Volk (   ) ist die Schrift wichtiger gewesen als den Chinesen (   ).

AUFGABE 7

Schreibe in die Klammer, welchen Kasus und Numerus das jeweilige Substantiv hat. Benütze folgende Abkürzungen:
N(ominativ), G(enitiv), D(ativ), A(kkusativ); S(ingular), Pl(ural).

In der Wüste Afrikas liegen noch viele Geheimnisse (A, Pl) verborgen. Sie zu erforschen, haben Archäologen keine Mühen (   ) und Anstrengungen (   ) gescheut. Die ersten Erzählungen (   ) haben die alten Griechen (   ) überliefert. Sie hatten bereits vor langer Zeit ägyptische Städte (   ) besucht, die heute vom Erdboden verschwunden sind.
Mächtige Königreiche (   ) mit unvorstellbarem Reichtum wurden von fremden Völkern erobert. Und als die Handelswege (   ) zerstört waren, blieb der Bevölkerung (   ) nichts anderes übrig, als zu fliehen. Die Häuser der Reichen (   ) zerfielen, die Gebäude (   ) und Tempel (   ) wurden ein Opfer der Hitze (   ) und des Windes. Es mussten erst Jahre (   ) vergehen, bis die Archäologen mit Schaufel und Spaten Sand (   ) und Geröll (   ) von den versunkenen Städten beseitigten und so staunenden Menschen (   ) die Pracht (   ) vergangener Zeiten (   ) zeigen konnten.

AUFGABE 8

Setze die angegebenen Wörter je zweimal in den folgenden Text ein.
Achtung! Einmal musst du dabei die Form des Wortes ändern.

Beispiel: die Schriftzeichen

a) **Die Schriftzeichen** der Bienen bestehen aus bestimmten Körperbewegungen.
b) Mit Hilfe **der Schriftzeichen** verständigen sie sich untereinander.

Die Sprache der Bienen

einem Wissenschaftler – die Bienen – die Sonne – die Geschwindigkeit – der Bienensprache

Auch die „Sprache" der Bienen hat ______________ erforscht. Schließlich ist es ______________ aus Deutschland gelungen, sie zu entziffern. Er hat herausgefunden, dass ______________ bestimmte Tanzbewegungen vollführen. Damit geben sie ______________ daheim im Bienenstock wichtige Informationen. Die Bienen bezeichnen z.B. den Stand ______________ durch die Richtung ihrer Bewegungen. So ist ______________ für alle Bienen ein wichtiger Orientierungspunkt. Auch ______________ der Tänze ist wichtig. Denn ______________ entnehmen die anderen Bienen Informationen darüber, wie reich der Tisch auf der grünen Wiese für sie gedeckt ist. Die Wörter ______________ sind lautlos und sehen wie lustige Tänze aus. Wenn du den Bienen genau zuschaust, kannst du vielleicht auch einmal ______________ verstehen.

AUFGABE 9

Bestimme in folgenden Sätzen den Kasus und Numerus der gleich lautenden Artikel- und Substantivformen.

Vor dem Beginn der Schrift

Die ältesten Schriftzeichen (______________) Europas hat man in Frankreich gefunden. Die ältesten Schriftzeichen (______________) sind kleine Zeichnungen auf Holzstäben, mit denen sich die Menschen damals verständigten. Mit ihrer Hilfe haben sich die Menschen schon vor Jahrtausenden bestimmte Ereignisse der Natur (______________) gemerkt. Man zeichnete auf, was man der Natur (______________) abgelauscht hatte. Den Menschen (______________) damals bedeuteten diese kleinen Bildzeichen alles, genauso wie den Menschen (______________) von heute Kino und Fernsehen interessieren. Auf einem Stab findet man z. B. den Bullen und die Kuh (______________) als Zeichen für den Frühjahrsbeginn eingeritzt. Den Bullen und den Kühen (______________), die die ersten Haustiere waren, wurde zu dieser Zeit eine große Bedeutung beigemessen. Auf diese Weise zeigte man den Jungen (______________) die Geheimnisse der Jagd. Und diese Bilder lehrten den Jungen (______________), wenn er das erste Mal auf Jagd ging, das Lebensnotwendige.

Diese „Merkzettel" unterrichteten in der nächsten Generation dann wieder die Nachkommen (______________). Und die Nachkommen (______________) gaben ihr Wissen dann mit den Bildstäben wieder ihren Söhnen weiter.

Zusammenfassung und Test

MERKE

Du hast die Wortarten Artikel und Substantiv kennen gelernt.

Beide Wortarten sind veränderlich und werden dekliniert.
Wenn du eine deklinierte Form bestimmen willst (oder musst), dann sind jeweils drei Angaben zu machen: zum Kasus, Numerus und Genus.

Artikel und Substantiv kommen meist zusammen vor und stimmen in ihren Formen überein. Man sagt: Sie haben kongruente Formen.
Der Artikel hilft dir, wenn du gleich lautende Substantivformen unterscheiden musst.

Solltest du bei unbekannten Wörtern einmal nicht wissen, wie sie dekliniert werden, dann sieh in deinem Wörterbuch nach.
Dort findest du die Angabe des Genus, die Endung für den Genitiv Singular und den Nominativ Plural. An diesen beiden Stammformen erkennst du, ob das Substantiv zur starken Deklination gehört oder nicht.

Beispiel: Tempel m; -s, → starke Deklination
Karawane f; -, -n → schwache Deklination

TEST 1

Setze die Substantive (eines davon zweimal) in der richtigen Form ein.

Abenteuer – Armband – Entdecker – Gefäß – Gott – Held – Jahrhundert – Kasten – Knabe – Krieg – Meter – Schatz – Schmuckstück – Stadt – Traum

Schliemann, der Entdecker von Troja

Schliemann war einer der größten ______________ versunkener ______________. Schon als ______________ begeisterten ihn die Erzählungen über die ______________ und ______________ Griechenlands. Er brachte sich selbst die griechische Sprache bei, und bald erfüllten sich die ______________ des jungen Schliemann. Seine Sehnsucht galt Troja, das vor vielen ______________ in einem der längsten ______________ zerstört worden war. Unter einer Schicht, die mehrere ______________ dick war, entdeckte er die versunkene ______________. In unversehrten ______________ und Truhen fand er verborgene ______________: goldene ______________, silberne Schüsseln, kostbare ______________ aus Elfenbein, kunstvolle ______________ aus Ton. Aber Schliemann hatte noch größere ______________ vor.

TEST 2

Bestimme die Formen, indem du hinter dem Substantiv den Kasus (N, G, D, A) und Numerus (S, Pl) angibst.

Schliemann hatte kaum die Ausgrabung (   ) der Stadt (   ) Troja beendet, als seine Begeisterung (   ) ihn weiter antrieb, versunkene Städte zu entdecken. Er nahm die Erzählungen (   ) der griechischen Dichter wie glaubwürdige Nachrichten (   ) der alten Zeiten (   ). So führte ihn die Sage (   ) vom sagenhaften König Agamemnon nach Mykene. Dort brachte er seltene Kostbarkeiten (   ) wieder ans Tageslicht, unter ihnen die goldene Maske (   ) eines Königs. Seine Entdeckungen (   ) bewegten damals die Welt (   ) und bis heute hat die Wirkung (   ) der wieder entdeckten Vergangenheit (   ) nicht nachgelassen.

2 Pronomen

Die Stadt im Dschungel

Bereits vor 100 Jahren machten sich zwei junge Engländer auf die Suche nach Eldorado, der Goldstadt, von der sie in irgendwelchen alten Urkunden gelesen hatten.
Nach übermenschlichen Strapazen erfüllten sich ihnen ihre kühnsten Wünsche: Im feuchten Dschungel Südamerikas stießen sie auf die Ruinen eines riesigen Tempels, der einst das religiöse Zentrum der Mayas gewesen war. Jahrhunderte später standen nun die beiden Engländer vor dem „Heiligen Brunnen“, der einen Durchmesser von 60 Metern und eine Tiefe von 20 Metern hat. Auf seinem Grund fanden sie unzählige Opfergaben – und mussten eine schreckliche Entdeckung machen …

Was du über den Artikel und das Substantiv gelernt hast, kannst du für das Pronomen gut gebrauchen. Es hat nämlich mit diesen beiden Wortarten viel gemeinsam.

AUFGABE 1

Schreibe neben die Pronomen die Substantive, die inhaltlich dazu gehören. Vergleiche dann die Antworten zu 1. und 3., 6. und 7., 7. und 8.

1. sie ______________________
2. irgendwelchen ______________________
3. ihnen ______________________
4. ihre ______________________
5. sie ______________________
6. der ______________________
7. der ______________________
8. seinem ______________________

Du stellst fest:

1. Der Kasus des Pronomens stimmt nicht immer mit dem Kasus des Substantivs, zu dem es inhaltlich gehört, überein (vgl. 1 mit 3).
2. Gleiche Pronomen können sich auf verschiedene Substantive beziehen (vgl. 6 mit 7).
3. Verschiedene Pronomen können sich auf gleiche Substantive beziehen (vgl. 7 mit 8).

Info

Das **Pronomen** weist nur auf Substantive hin. Man nennt es deshalb auch Fürwort. Im Satz wird es auf zweifache Weise verwendet:

Als **Begleiter des Substantivs** steht es wie der Artikel vor dem Substantiv und stimmt mit ihm in Kasus, Numerus und Genus überein.

Beispiel: (Es erfüllten sich) **ihre** kühnsten **Wünsche.**

Als **Stellvertreter** nimmt es im Satz den Platz eines Substantivs ein. Es kann in einem Text auch ein bereits bekanntes Substantiv ersetzen, mit dem es im Numerus und im Genus, nicht aber im Kasus übereinstimmen muss.

Beispiel: Zwei junge englische Forscher machten sich auf die Suche. Eines Tages erfüllten sich **ihnen** (= den beiden Forschern) ihre Wünsche. „ihnen" steht im Maskulinum Plural (wie das Bezugswort), aber im Dativ.

Um herauszufinden, auf welches Substantiv das Pronomen hinweist, musst du den Text genau lesen und auf den Sinn achten.

Personalpronomen, Reflexivpronomen und Possessivpronomen

Info

a) Personalpronomen

Das Personalpronomen steht im Satz an der Stelle eines Substantivs. Es weist auf Personen oder Sachen hin.
Man unterscheidet beim Personalpronomen zwischen 1., 2. und 3. Person.

	Singular	Plural
1. Person	der Sprecher = ich	der Sprecher und andere = wir
2. Person	der Hörer = du	der Hörer und andere = ihr
3. Person	die Person oder Sache, über die gesprochen wird = er, sie, es	Personen oder Sachen, über die gesprochen wird = sie

Beachte: Im Deutschen gibt es zwei Möglichkeiten der Anrede an einen oder mehrere Hörer: die vertraute Form „du/ihr“ und die höfliche, distanzierte Form „Sie“. Die Pronomen der höflichen Anrede werden immer großgeschrieben.

Formen der Personalpronomen

Singular	1. Person	2. Person	Anrede	3. Person Mask.	Fem.	Neutr.
Nominativ	ich	du	Sie	er	sie	es
Genitiv	meiner	deiner	Ihrer	seiner	ihrer	seiner
Dativ	mir	dir	Ihnen	ihm	ihr	ihm
Akkusativ	mich	dich	Sie	ihn	sie	es

Plural	1. Person	2. Person	Anrede	3. Person alle drei Genera
Nominativ	wir	ihr	Sie	sie
Genitiv	unser	euer	Ihrer	ihrer
Dativ	uns	euch	Ihnen	ihnen
Akkusativ	uns	euch	Sie	sie

Beachte: Bei den Pronomen der 3. Person Plural ist nicht immer eindeutig, auf welches vorausgegangene Substantiv im Text sie sich beziehen.

Beispiel: Die Forscher entdeckten Ruinen eines großen Tempels. **Sie** waren vom Grün des Dschungels überwuchert.

„sie“ ist Plural und kann sich auf die Substantive „Forscher“ und „Ruinen“ beziehen.
Auf welches Substantiv das Pronomen „sie“ verweist, ergibt sich aus dem Sinn des Satzes.
Achte bei deinen Aufsätzen darauf, dass das Pronomen immer eindeutig seinem Bezugswort zugeordnet werden kann.

b) Reflexivpronomen
Das Reflexivpronomen weist immer auf das Subjekt des Satzes hin.

Tipp: Wenn du das Wörtchen „selbst“ ergänzen kannst, handelt es sich um ein Reflexivpronomen.

Beispiele: Bezug zum Subjekt:
Ich helfe mir (selbst). Wir helfen uns (selbst).
Der Tüchtige hilft sich (selbst). Die Tüchtigen helfen sich (selbst).
Kein Bezug zum Subjekt: Wir helfen euch.

Für die 1. und 2. Person werden die entsprechenden Formen des Personalpronomens eingesetzt.
Das Reflexivpronomen der 3. Person heißt immer „sich“ – im Singular und Plural, im Dativ und Akkusativ.

Beispiele: **Die Forscher** bahnten **sich** einen Weg durch den Urwald.
Wem bahnten die Forscher einen Weg? also: Dativ
Sie schonten **sich** dabei nicht.
Wen schonten sie nicht? also: Akkusativ

Beachte: Es gibt Verben, die sogenannten echten Reflexivverben, die unbedingt ein Reflexivpronomen bei sich brauchen. Sie sind sonst unvollständig.

Vergleiche: Normales Verb: Ich wasche mich. Ich wasche meinen Hund.
Reflexivverb: Ich freue mich. –

c) Possessivpronomen

Das Possessivpronomen wird nur als Begleitwort des Substantivs verwendet und stimmt mit ihm in Numerus und Kasus überein.
Es drückt dabei die Zugehörigkeit einer Person oder Sache zu einer anderen aus.

Beispiele:

mein Füller = ein Füller, der **mir** gehört
deine Schule = eine Schule, in die **du** gehst

Das Bezugswort bestimmt, welche Form des Possessivpronomens verwendet wird.

Formen des Possessivpronomens

Die Possessivpronomina der 1. und 2. Person beziehen sich auf die entsprechenden Personalpronomina (ich/wir; du/ihr).

Beispiele: **Ich** kaufe mir ein neues Buch! **Mein** Buch hat einen bunten Umschlag. Kaufen **Sie** sich ein neues Buch! Nehmen Sie **Ihr** Buch mit in den Urlaub!

Das Possessivpronomen der 3. Person bezieht sich auf ein Substantiv. Dabei entscheiden der Numerus und das Genus des Bezugswortes, welches Possessivpronomen verwendet wird.

Beispiele:

Bezugswort	Possessivpronomen	Bezugswort	Possessivpronomen
der Mann	sein ________	die Männer	ihr ________
die Frau	ihr ________	die Frauen	ihr ________
das Kind	sein ________	die Kinder	ihr ________

Hinweis: Vermeide bei eigenen Texten, dass sich die Form „ihr" auf mehrere Substantive beziehen kann. Der Leser muss immer genau das Bezugswort erkennen können; sonst kommt es zu Missverständnissen.

AUFGABE **2** Gib an, auf wen das farbige Personalpronomen hinweist.

Kalb, Ziege, Schaf und Löwe (Eine Fabel nach La Fontaine)

Einst gründete der Löwe mit dem Kalb, der Ziege und dem Schaf einen Verein zur Nahrungsbeschaffung. „Ich (______________) werde“, sagte der Löwe, „mit euch (______________) Verlust und Gewinn redlich teilen.“ Eines Tages erblickt die Ziege einen Hirsch. Sie ruft ihren Vereinskameraden zu: „Ich (______________) bitt’ euch: Wir (______________) müssen nun zusammenhalten und den Hirsch fangen.“ Nachdem ihnen das gelungen, spricht der Löwe: „Wir sind vier, deshalb teile ich die Beute in vier Teile. Aber ich (______________) bin der König der Tiere und sorge für euch. Auch der zweite und der dritte Teil stehen mir zu, weil ich der Stärkste und Tapferste bin.“ Da meckert die Ziege: „Du (____________________) betrügst uns (______________)!“ „Wir (______________) beide sind doch Freunde!“, sagte der Löwe. „Sicher gibst du (______________) mir deinen Teil.“ Hebt die Pranke und verkündet: „Liebe Freunde! Denkt immer daran: Ich bin für euch (______________) immer ein guter Freund.“

AUFGABE **3** Ersetze jeweils das farbige Substantiv durch ein passendes Personalpronomen der 3. Person.

Versunkene Städte

Im brütenden Dschungel Kambodschas sammelte Henri Mouchot, ein französischer Naturforscher, seltene Blumen und Pflanzen. Eines Tages erzählte dem Naturforscher ihm sein eingeborener Führer von einer versunkenen Stadt im Urwald. Die versunkene Stadt ________ erweckte sein Interesse, und der Naturforscher ________ begann zu suchen.

Ohne Gewissheit, dass es die versunkene Stadt ________ überhaupt gibt, kämpfte der Naturforscher ________ gegen alle Gefahren. Eines Tages aber fand der Naturforscher ________ die versunkene Stadt ________. Die versunkene Stadt ________ hatte die Ausmaße einer Weltstadt. Die versunkene Stadt ________ bezaubert heute noch jeden Besucher, wenn jeder Besucher ________ die versunkene Stadt ________ zuerst sieht.

AUFGABE 4

Prüfe, ob es sich im Folgenden um echte Reflexivverben handelt.
Ein Tipp: Wenn du das Reflexivpronomen durch „kleiner Bruder" ersetzen kannst, handelt es sich um ein Reflexivverb.

Beispiel: sich die Haare waschen → dem kleinen Bruder die Haare waschen!
sich sorgen → ______________

Auch das noch!

1. Sich die Ohren waschen
2. sich die Zähne putzen
3. sich anziehen
4. sich auf den Weg machen
5. sich beeilen
6. sich in der Schule anstrengen
7. sich brav melden
8. sich hinlegen
9. sich in den Schlaf wiegen
10. sich erheben
11. sich die Ohren waschen

AUFGABE 5

Wandle die Sätze in Ausdrücke mit dem passenden Possessivpronomen um.

Beispiel: Er ist ihm bekannt → sein Bekannter

1. Er ist ein Mitschüler von mir. ______________________
2. Sie besuchen dich. ______________________
3. Sie bewundert ihn. ______________________
4. Ich habe Hunger. ______________________
5. Du hast diese Ansichten. ______________________
6. Ihr habt viele Vorschläge gemacht. ______________________
7. Wir grüßen herzlich. ______________________
8. Ich verabschiede mich. ______________________

Demonstrativpronomen und Indefinitpronomen

Info

a) Demonstrativpronomen

Das Demonstrativpronomen weist betont auf Substantive oder andere Pronomen hin.

Es wird auf zweifache Weise verwendet:
Als **Begleitwort** steht es vor dem Substantiv und stimmt mit ihm in Kasus, Numerus und Genus überein.
Als **Stellvertreter** weist es auf ein Substantiv hin, das aus dem Textzusammenhang bereits bekannt ist.

Beispiele: Zwei Engländer fanden eine versunkene Stadt.
Diese (= die versunkene Stadt) barg ein großes Geheimnis.

Formen des Demonstrativpronomens

	Singular			Plural
Nominativ	dieser Baum	diese Wiese	dies(es) Haus	diese Bäume
Genitiv	dieses Baumes	dieser Wiese	dieses Hauses	dieser Bäume
Dativ	diesem Baum	dieser Wiese	diesem Haus	diesen Bäumen
Akkusativ	diesen Baum	diese Wiese	dies(es) Haus	diese Bäume

Folgende Demonstrativpronomen solltest du kennen:
der, die, das – dieser, diese, diese – derselbe, dieselbe, dasselbe – jener, jene, jenes – derjenige, diejenige, dasjenige

Beachte: Das unbetonte Demonstrativpronomen „der, die, das" tritt nur als Stellvertreter für ein Substantiv auf; die anderen können sowohl als Begleiter wie als Stellvertreter des Substantivs auftreten.

Beispiele: Kommt Herr Müller morgen? **Das** weiß ich nicht.
Haben Sie Herrn Müller Bescheid gesagt? **Dem** habe ich nichts gesagt.

Beachte: Verwechsle das Demonstrativpronomen „der, die, das" nicht mit dem bestimmten Artikel. Der Artikel tritt nur zusammen mit einem Substantiv auf, das Demonstrativpronomen kann auch allein stehen.

b) Indefinitpronomen

Das Indefinitpronomen weist auf Personen oder Dinge hin, die man nicht genau benennen will oder kann. Es **begleitet** oder **vertritt** im Satz ein Substantiv.

Beispiele: **Irgendjemand** hat den Engländern einen Hinweis gegeben. (Es ist für das Geschehen unwichtig, wer es war.)
Irgendjemand hat mir mein Federmäppchen gestohlen. (Ich weiß aber nicht, wer es war).

Die Indefinitpronomen haben oft unvollständige Formen, weil nicht genau angegeben werden kann, wer oder was gemeint ist.
Nur im **Singular** kommen vor: jeder, mancher, ein solcher, (irgend)ein, niemand
Nur im **Plural** kommen vor: alle, sämtliche, viele, etliche, (irgend)welche, mehrere, einige, wenige
Ihre Form verändern nicht: man, etwas, nichts, ein paar.

AUFGABE **6**

Die folgenden Vorurteile stimmen nicht! Ersetze die Indefinitpronomen durch passendere.

1. Müßiggang ist aller Laster Anfang. ______________________________
2. Allen Deutschen schmeckt Sauerkraut. ______________________________
3. Mancher Held ist unsterblich. ______________________________
4. Kein Schüler hat etwas Taschengeld. ______________________________
5. Eine Schwalbe macht jeden Sommer. ______________________________
6. Niemand ist seines Glückes Schmied. ______________________________
7. Jede Morgenstund hat Gold im Mund. ______________________________
8. Nach keiner Mahlzeit die Zähne putzen! ______________________________
9. Hinter jeder Zeitung steckt ein kluger Kopf! ______________________________

AUFGABE 7

Unterscheide den bestimmten Artikel vom Pronomen und schreibe in die Klammer die zutreffende Abkürzung: A(rtikel) oder Pr(onomen).

Die (   ) ersten Eroberer der (   ) Inka-Städte waren Spanier. Die (   ) hatten von den (   ) unermesslichen Goldschätzen der (   ) Inkas gehört. Denen (   ) aber war das (   ) gelbe Metall nicht so wichtig wie den (   ) Weißen. Deren (   ) Gier nach Gold verschonte die (   ) sanften Wilden nicht. Das (   ) war das (   ) blutige Ende des (   ) großen Inka Reiches.

Relativpronomen und Interrogativpronomen

Info

a) Relativpronomen

Das Relativpronomen fügt einen Gliedsatz an ein Substantiv an. Es stimmt mit dem Bezugswort in **Genus** und **Numerus** überein.
Den angefügten Gliedsatz nennt man Relativsatz.

Das Relativpronomen lautet wie das unbetonte Demonstrativpronomen: **der, die, das.**
Daneben gibt es als Ersatzformen: **welcher, welche, welches; wer, was.**

Hauptsatz	**Gliedsatz**
Zwei Männer stießen auf die Reste einer **Stadt,**	**die** im Urwald lag.

b) Interrogativpronomen

Das Interrogativpronomen fragt nach Personen oder Dingen, die noch nicht bekannt sind, und verlangt eine Antwort.
Es **begleitet** oder **vertritt** im Satz ein Substantiv.
Das Interrogativpronomen lautet
als **Begleitwort:** welcher …? welche …? welches …?
als **Stellvertreter:** wer? was?

Das Interrogativpronomen leitet entweder einen direkten oder einen indirekten Fragesatz ein.
Du kannst die Art des Fragesatzes leicht am Satzzeichen erkennen.

Beispiele: Wer (welcher Freund) kommt heute Abend zum Essen?
Ich frage dich, wer (welcher Freund) heute Abend zum Essen kommt.

Das Interrogativpronomen wird wie das entsprechende Relativpronomen dekliniert.

AUFGABE **8**

Wähle den Relativsatz aus, der zum farbigen Bezugswort passt. Streiche die unpassenden Relativsätze durch.

Wortkreuzungen von Kurt Kusenberg

1. Ein Giftzahnarzt ist ein Arzt,
   a) der Giftzähne gefallen b) die Giftzähne ziehen
   c) der einen Giftzahn hat

2. Eine Löschblattlaus ist eine Blattlaus,
   a) der Löschblätter schmecken b) das Löschblätter kaut
   c) dem Löschblätter schmecken

3. Eine Suppengrünanlage ist eine Grünanlage,
   a) auf dem Suppengrün wächst b) auf denen Suppengrün wächst
   c) auf der Suppengrün wächst.

4. Ein Irrenhausbesitzer ist ein Hausbesitzer,
   a) die irre sind b) der schöne Häuser gehören
   c) bei dem ein Irrenarzt wohnt

5. Ein Fußballerstammtisch ist ein Tisch,
   a) auf der Fußballer tanzen b) an dem Fußballer sitzen
   c) von denen Fußballer erzählen

AUFGABE 9

Wandle die Hauptsätze zu Relativsätzen um.

Beispiel: Ich sehe einen Mann. Dem (ihm) gehört ein struppiger Dackel.
Ich sehe einen Mann, dem ein struppiger Dackel gehört.

Ich spreche von einem Dingsda, ______________

1. Das hat einen großen Mund und lange Zähne.
2. Vor ihm kriegen die Menschen Angst.
3. Dessen Fußspuren sind so groß wie der Tisch.
4. Das gibt es gar nicht.
5. Im Moor gefällt es ihm am besten.
6. Menschen denken sich das nur aus.
7. Von ihm hat mir mein Vater erzählt.

Zusatzfrage: Was ist nun eigentlich gemeint? ______________

AUFGABE 10

Formuliere zu den Antworten die entsprechenden Fragesätze. Dazu musst du die Demonstrativ- oder Personalpronomen durch Interrogativpronomen ersetzen.

Schneewittchen und die Sieben Zwerge (leicht verändert)

1. Frage: Wer hat von meinem Papptellerchen gegessen?

   Antwort: Der hat von deinem Papptellerchen gegessen.

2. Frage: ____

   Antwort: Ihm hat dein Softeis geschmeckt.

3. Frage: ____

   Antwort: Dessen Nase hat an deinem Pudding geschnuppert.

4. Frage: ____

   Antwort: Diese beiden Zwerge haben deine Pommes frites verdrückt.

5. Frage: ______________________________

Antwort: Mit dem ist dein Kartoffelsalat verschwunden.

6. Frage: ______________________________

Antwort: Diesen Knirps hat deine Pralinenschachtel entzückt.

7. Frage: ______________________________

Antwort: Er hat deinen Schnaps gesoffen.

Zusammenfassung und Test

MERKE

Du hast die Wortart Pronomen kennen gelernt.
Pronomen weisen auf Personen oder Sachen hin, haben aber keine eigene Bedeutung.

Sie können als
- Stellvertreter oder
- Begleiter

des Substantivs auftreten.

Pronomen sind deklinierbar. Als Begleiter des Substantivs richten sie sich (wie der Artikel) nach der Deklination des Substantivs.

TEST 1

Bestimme den Kasus der Personalpronomen und gib an, ob es sich um die 1., 2. oder 3. Person Singular oder Plural handelt.

Die Fabel von Löwe, Kalb, Ziege und Schaf (Fortsetzung)

Gerade, als der Löwe seinen Freunden klar gemacht hatte, dass ihm (   ) allein der von ihnen (   ) erlegte Hirsch gehöre, da tauchten vier Füchse auf. Der erste Fuchs zum Löwen: „Ich nehme mir (   ) ein Drittel der

Beute als Strafgebühr; du ( ) hast nämlich keinen Jagdschein." „Und an mich ( ) geht das zweite Drittel", sagt der zweite Fuchs, „als Versorgung für deine Witwe." Da knurrte der Löwe. „Wir ( ) wollen doch nicht streiten", sagte der dritte Fuchs und nahm sich seinen Anteil. „Als Einkommensteuer", meinte er. „Aber ich ( ) bin der König der Tiere", brüllte der Löwe auf. Da lachten die drei Füchse: „Dann bleibt dir ( ) doch die Krone." Und: „Ein Dankeschön an euch ( ) alle." Winkten und nahmen ihnen ( ) auch noch das Geweih weg.

TEST 2

Schreibe folgende Fabel für afrikanische Kinder um, indem du die Tierbezeichnungen in den Klammern verwendest. Ändere dabei, wenn nötig, die Personal- und Possessivpronomen.

Die Nachtigall oder der Flötenwürger (Gibt's wirklich!)

Als viele Tiere aus Europa (Afrika) ihren letzten Weg in den Himmel angetreten hatten, wurden auch sie von Petrus befragt, was sie denn in ihrem Erdenleben getan hätten. Zuerst prahlte der Wolf (die Hyäne), wie er auf seinen Streifzügen die Welt kennengelernt habe; eine dicke Kuh (ein behäbiges Nilpferd) berichtete von ihren Besuchen im Kaffeehaus; eine ängstliche Spitzmaus (ein unauffälliger Wüstenwurm) klagte über ihre schlimme Schulzeit. Da rühmte sich die Gämse (der Berggorilla) ihrer Jodelkünste, und die Wildkatze (das Krokodil) ihrer beißfreudigen Zähne. Nur die Nachtigall (der Flötenwürger) erzählte nichts aus ihrem Leben, sondern erfreute „nur" alle durch ihren herrlichen Gesang.

TEST 3

Stelle in den folgenden Sprüchen die Art des Pronomens bzw. des Artikels fest.
Verwende folgende Abkürzungen:
für die Artikel: best Art, unbest Art
für die Pronomina: Dem, Indef, Inter, Pers, Poss, Refl, Rel

Beispiel: Keiner (Indef) wäscht reiner als Rainer.

1. Wissen ist Macht, nichts wissen macht auch nichts.

2. Wo wir sind, klappt nichts, doch wir können nicht überall sein.

3. Es gibt nichts zu tun – fangt ihr schon mal an.

4. Fahren Sie mich irgendwohin, man braucht mich überall.

5. Keiner ist unnütz, er kann immer noch ein schlechtes Beispiel geben.

6. Wer die Übersicht verloren hat, der sollte den Mut zur Entscheidung haben.

7. Es genügt nicht, keine Gedanken zu haben, man muss auch die Fähigkeit haben, sie auszudrücken.

8. Eine Lösung hatte ich, aber die passte nicht zu meinem Problem.

3 Adjektiv

Die Götter der Ägypter

In den dunklen Grabkammern der ägyptischen Könige haben Archäologen viele bronzene Figürchen entdeckt, die mehr als 3000 Jahre alt sind. Sie sehen recht merkwürdig aus: seltsame Fabelwesen aus Mensch und Tier. Durch Inschriften wurde klar, dass es sich dabei um Götter handeln musste.
So stellten die Menschen damals ihre Gottheiten dar:

Horus	– falkenköpfiger Gott, war mit dem jeweiligen König eng verbunden
Hathor	– Göttin des Himmels und der Liebe; sie wurde kuhköpfig dargestellt
Sachmet	– löwenköpfige Göttin des Krieges und der Krankheit
Osiris	– mumienförmig dargestellter Totengott
Isis	– Mutter des Horus, oft geflügelt
Thot	– paviangestaltiger Gott der Weisheit und des Mondes

Durch diesen kurzen Text aus dem Katalog des Ägyptischen Museums Berlin kannst du dir die wichtigsten ägyptischen Götter sicher auch ohne Fotos gut vorstellen.
Dies liegt vor allem an den zahlreichen Adjektiven, die dir über deren Aussehen und Eigenschaften Auskunft geben.

AUFGABE 1

Suche zu den vorgegebenen Grundformen der Adjektive die entsprechenden Formen aus dem Text. Trage sie zusammen mit dem Wort ein, zu dem sie jeweils inhaltlich gehören.
Unterstreiche die Adjektive, deren Form sich im Vergleich zur Grundform verändert.

Grundform	Form	Bezugswort	Wortart
1. paviangestaltig	______________	______________	Substantiv
2. klar	______________	______________	Verb
3. alt	______________	______________	Verb
4. ägyptisch	______________	______________	Substantiv
5. eng	______________	______________	Verb
6. recht	______________	______________	Adjektiv
7. merkwürdig	______________	______________	Verb

Du stellst fest:

1. Das Adjektiv kann bei einem Substantiv, einem Verb oder einem anderen Adjektiv stehen.
2. Nur Adjektive, die bei einem Substantiv stehen, verändern die Grundform.

Info

Das **Adjektiv** bezeichnet **Eigenschaften** und **Merkmale** und kennzeichnet dadurch Lebewesen und Dinge, aber auch Handlungen, Vorgänge und Zustände.
Im Satz kommt es vor allem in Verbindung mit Substantiven und Verben vor.

Für die Bildung der Formen ist es wichtig, wie es im Satz verwendet wird. Steht das Adjektiv **bei einem Substantiv,** wird es zusammen mit ihm **dekliniert** und stimmt mit ihm in Kasus, Numerus und Genus überein.

Beispiel: in den **dunklen Grabkammern** der ägyptischen Könige

Steht es **bei einem Verb oder einem Adjektiv,** bleibt es **endungslos** und verändert seine Form nicht.

Beispiel: Die Figürchen sehen **recht merkwürdig** aus.

Attributive Verwendung

Info

Das **Adjektiv** kann als Beifügung bei einem Substantiv stehen. Man nennt es dann **attributives Adjektiv.**

Es bestimmt Lebewesen oder Dinge genauer, indem es ihre Eigenschaften und Merkmale nennt.

Beispiel: die ägyptischen Könige

Formen des deklinierten Adjektivs
Die Formen des Adjektivs teilt man in die starke und schwache Deklination ein. Das hängt davon ab, ob vor dem Adjektiv ein Begleitwort steht.

Starke Deklination des Adjektivs
Das Adjektiv wird stark dekliniert, wenn vor ihm
a) kein Artikel oder
b) ein Begleiter ohne Endung steht.
Endungslose Formen sind z. B. manch, solch, welch.

Singular	Maskulinum	Femininum	Neutrum
Nominativ	großer Hut	große Hand	großes Haus
Genitiv	großen Hutes	großer Hand	großen Hauses
Dativ	großem Hut	großen Hand	großem Haus
Akkusativ	großen Hut	große Hand	großes Haus

Plural	Maskulinum	Femininum	Neutrum
Nominativ	große Hüte	große Hände	große Häuser
Genitiv	großer Hüte	großen Hände	großer Häuser
Dativ	großen Hüten	großen Händen	großen Häusern
Akkusativ	große Hüte	große Hände	große Häuser

Schwache Deklination des Adjektivs
Das Adjektiv wird schwach dekliniert, wenn vor ihm
a) ein Artikel oder
b) ein Begleiter mit Endung steht.

Das schwache Adjektiv hat nur zwei verschiedene Endungen, nämlich für den gesamten Nominativ und den Akkusativ Femininum und Neutrum Singular **-e**; für alle übrigen Formen **-en**.

Beispiele: Der groß**e** Hut (die groß**e** Hand, das groß**e** Haus) gefällt mir nicht.
Ich mag den groß**en** Hut (die groß**e** Hand, das groß**e** Haus) nicht.
Die Form des groß**en** Hutes (der groß**en** Hüte) gefällt mir nicht.
Dem groß**en** Haus (den groß**en** Häusern) fehlt die Farbe.

Tipp: Kasus, Numerus und Genus des schwach deklinierten Adjektivs erkennst du nur am Begleiter, der davor steht.

Beachte: Nach dem unbestimmten Artikel wird das Adjektiv im Nominativ und Akkusativ stark dekliniert.

Beispiele: Ein groß**es** Haus gefällt mir nicht.
Aber: Die Form eines groß**en** Hauses gefällt mir nicht.

AUFGABE 2

Stelle das Adjektiv vor das Substantiv, bilde die richtige Adjektivform und unterstreiche die Endung.

Aus einem Autotest

a) Vorzüge:

Ladekante: tief

____

Gurt: verstellbar

____

Kofferraum: geräumig

___

Vordersitz: bequem

___

b) Nachteile:

Sechszylinder-Motor (lahm und laut) mit Leistung (schwach)

___

Reichweite (gering) durch Tank (klein)

___

Fahrverhalten (unsicher) bei Geschwindigkeiten (schnell)

___

Fahrsicherheit (mäßig) wegen Lenkung (schwammig)

___

AUFGABE 3

Wie viele Adjektive, die ein Substantiv begleiten, findest du? Unterstreiche und zähle.

Aus einem Urlaubsprospekt

Manch erfahrener Mallorca-Kenner weiß es längst: Auf dieser schönen Insel haben wir für alle sonnenhungrigen Urlauber aus der sagenhaften Fülle die besten Angebote ausgewählt. Damit Ihre kostbaren Urlaubstage gelingen, bieten wir Ihnen die größte Auswahl: Sie reicht von der einfachen Pension bis zum gepflegten Hotel und stellt auch anspruchsvolle Gäste zufrieden.
Genießen Sie die inseltypische Kochkunst. Es lohnt sich, die herzhaften Leckerbissen und die fangfrischen Fische aus dem Meer zu versuchen. Für jene aktiven Urlauber, die nicht nur faulenzen wollen, gibt es bei uns ganz tolle Möglichkeiten, die Sie woanders kaum finden werden.

AUFGABE 4

Verwende in den Zeilen mit dem Kennbuchstaben a) keinen Artikel, mit b) den bestimmten Artikel und mit c) den unbestimmten Artikel. (Ein Beispiel habe ich dir jeweils vorgegeben.) Ergänze die fehlenden Ausdrücke.

Aus einer Werbeanzeige für das schöne Portugal

1 a) Durch mildes Klima vielfältige Pflanzenpracht!

b) ______________________________

c) ______________________________

2 a) ______________________________

b) Der süße Duft der tropischen Früchte in der unberührten Natur!

c) ______________________________

3 a) ______________________________

b) ______________________________

c) Kunstvolle Bauwerke aus einer ruhmreichen Vergangenheit!

Adverbiale Verwendung

Info

Das Adjektiv kann auch als Beifügung bei **Verben** oder **anderen Adjektiven** stehen. Man nennt es dann **adverbiales Adjektiv.** Du bestimmst dadurch ein Geschehen oder eine Eigenschaft genauer.
Das adverbiale Adjektiv erhältst du, wenn du im Satz die Frage: **Wie?** stellst. Es bleibt immer in der Grundform und **verändert sich nicht.**

Beispiele: Wie sehen die Figürchen aus? **Merkwürdig** sehen sie aus. **Wie merkwürdig** sehen die Figürchen aus? **Recht** merkwürdig.

Tipp: Es ist manchmal schwierig, das undeklinierte Adjektiv vom Adverb sicher zu unterscheiden. Im Deutschen gibt es nämlich, im Unterschied etwa zum Englischen, für das Adverb keine eigene Endung.

Mit Hilfe der **Attributprobe** kannst du jedoch leicht feststellen, ob es sich um ein Adjektiv handelt oder nicht.
Du versuchst probeweise, das fragliche Wort als Beifügung zu einem Substantiv zu verwenden. Dabei muss es sich deklinieren lassen.

Beispiel: Die Figürchen sehen **merkwürdig** aus. – Die **merkwürdigen** Figürchen
So stellten sich die Ägypter **damals** ihre Götter vor.

Damals kann nicht als Adjektiv vor ein Substantiv gesetzt werden und ist deshalb Adverb.
Merkwürdig dagegen ist ein Adjektiv.

Prädikative Verwendung

Info

Bei einigen Verben wie **„sein, scheinen, bleiben“** ist das Adjektiv eine notwendige Ergänzung des Prädikats, denn das Prädikat wird erst durch das Adjektiv vollständig.
Man spricht in solchen Fällen vom **prädikativen Adjektiv.** Es bleibt ebenfalls immer in der Grundform und **verändert sich nicht.**

Beispiel: Figürchen, die mehr als 3000 Jahre … sind.
Wie sind sie?
Figürchen, die mehr als 3000 Jahre **alt** sind.

Tipp: Wenn du überprüfen willst, ob ein Adjektiv prädikativ verwendet wird, dann verändere den Numerus von Subjekt und Prädikat. Die Form des Adjektivs darf sich dabei nicht verändern.

Beispiel: Es wurde eine Figur aus Bronze gefunden, die mehr als 3000 Jahre **alt** ist.
Es wurden Figuren aus Bronze gefunden, die mehr als 3000 Jahre **alt** sind.

AUFGABE 5

Bilde sinnvolle Sätze, indem du zum Prädikat das passende Adjektiv aus der Liste wählst. Wandle die Sätze 2, 4, 5 in Pluralsätze um.

	Verb	**Adjektiv**
1. Das Wetter	ist	ärgerlich
2. Das Haus	blieb	krank
3. Meine Freundin	stand	hell
4. Der Kühlschrank	wurde	unverändert
5. Dein Bruder	war	rosa
6. Die Sonne	schien	offen

AUFGABE 6

Unterstreiche in folgendem Text das adverbiale Adjekiv einmal, das prädikative Adjektiv zweimal.

Gescheiter Blödsinn

Dunkel war's, der Mond schien hell,
schneebedeckt die grüne Flur,
als ein Wagen blitzesschnell
langsam um die Ecke fuhr,
während ein erschoss'ner Hase
auf der Wiese Schlittschuh' lief.
Und auf einer roten Bank,
die blau angestrichen war,
saß ein blondgelockter Jüngling,
mit kohlrabenschwarzem Haar,
neben ihm 'ne alte Schachtel,
zählte kaum ein ganzes Jahr.

AUFGABE 7

Selbst bei diesen Unsinnssätzen kannst du unterscheiden, wie das Adjektiv verwendet wird. Schreibe die Adjektive in die richtige Spalte.

Schwabbrige Golche
knuselten sich mit knostrigen Wabbeln,
die lupfig wurden,
durch den dapprichen Drösel.
Aber weil der Prutz zarblich war,
verstrosiperten sich die Trunkel
ölmisch und flitschig ins Schlumumpfel.

attributiv	prädikativ	adverbial
____________	____________	____________
____________	____________	____________
____________	____________	____________

AUFGABE 8

Mache die Attributprobe. Wandle die echten Adjektive in attributive Adjektive um und ergänze ein passendes Substantiv. Bei Adverbien machst du einen Strich.

Beispiel: Beachte die Regeln sorgfältig! → Die sorgfältige Beachtung der Regeln …

Aus einer Gebrauchsanleitung

1. Bitte kontrollieren Sie sofort den Paketinhalt.

   ______________________ Kontrolle des Paketinhalts

2. Vergleichen Sie sorgfältig die Einzelteile mit der Materialliste.

   ______________________ Vergleich der Einzelteile

3. Rufen Sie uns an und geben Sie die Ersatzteilnummern genau an.

   ______________________ Angabe der Ersatzteilnummern.

4. Wir helfen Ihnen umgehend.

   ______________________ Hilfe

5. Beachten Sie beim Zusammenbau des Schrankes stets die Skizzen.

________________________________ Beachtung der Skizzen

6. Wir beglückwünschen Sie herzlich zu Ihrem Erfolg!

________________________________ Glückwunsch!

AUFGABE 9

Bilde die richtigen Adjektivformen. Bei zwei Adjektiven bestimmt jeweils das erste das zweite.

Aus dem Versandhauskatalog

Zweiteiliger Jogging-Anzug aus (hautsympathisch) Baumwolle für (sportlich, interessiert) Mädchen. (Langärmelig) Sweatshirt in (großzügig) Verarbeitung und (lässig) Schnitt, mit (weich, gefüttert) Schultern. Dazu eine (aktuell, gemustert) Hose.

Die Steigerung des Adjektivs

Info

Das Adjektiv kann als einzige Wortart **gesteigert** werden. Die gesteigerte Form nennt man auch **Vergleichsform,** weil man sie meist dazu verwendet, um Eigenschaften miteinander zu vergleichen.

Zu einem vollständigen Vergleich gehört auch das richtige Vergleichswort.
Der **Positiv** (= Grundform) steht, wenn zwei Eigenschaften gleich sind.
Das Vergleichswort heißt „so … wie“

Beispiel: Die Cheops-Pyramide ist **so** groß **wie** ein Hochhaus.

Der **Komparativ** drückt aus, dass zwei Eigenschaften verschieden sind.
Das Vergleichswort heißt „als“.

Beispiel: Kein Bauwerk war größer **als** die Cheops-Pyramide.

Der **Superlativ** bezeichnet die Eigenschaft, die im Vergleich zu anderen das höchste Ausmaß hat.

Beispiel: Die ältesten Mauern standen in Babylon.

Formen der Vergleichsformen
Der **Positiv** hat keine eigenen Endungen.
Der **Komparativ** hat die Endung **-er**.

Beispiel: Der Leuchtturm von Alexandria war klein**er** als die Pyramiden.

Manche einsilbigen Adjektive lauten zusätzlich den Stammvokal um.

Beispiel: warm – wärmer

Der **Superlativ** besitzt die Endung **-st.**
Wird der Superlativ attributiv gebraucht, führt er immer den bestimmten Artikel bei sich.

Beispiel: Die Cheops-Pyramide ist **das** berühmte**ste** Bauwerk Ägyptens.

Wird der Superlativ nicht **attributiv,** sondern **adverbial** oder **prädikativ** verwendet, wird ihm das Wörtchen „am" vorangestellt, und er nimmt die Endung **-(e)sten** an.

Beispiel: Die Cheops-Pyramide ist **am** berühmt**esten.**

Beachte: Einige Adjektive werden unregelmäßig gesteigert.

Beispiele:

gute Einfälle	bessere Einfälle	die besten Einfälle
viel Geld	mehr Geld	am meisten Geld

AUFGABE **10**

Bilde Sätze nach folgendem Muster:

Beispiel: jung – der Himalaja – alt – Harz
Die Alpen sind jünger als der Himalaja, aber älter als der Harz.

grob – Spinne – fein – Seeadler

Kolibri baut ein ______________ Nest.

kalt – Wolf – warm – Frosch

Murmeltier hat im Winter ______________ Blut.

dumm – Papagei – klug – Huhn

Hund benimmt sich ______________

stark – Koalabär – schwach – Eisbär

Pandabär ist ______________

gut – Karpfen – schlecht –Antilope

Affe sieht in der Nähe ______________

AUFGABE 11

Wandle die Komparative bzw. Superlative in den Positiv um. Denke daran dass du manchmal auch das Vergleichswort ändern musst.

Beispiel: Ich singe schöner als du. —> Ich singe so schön wie du.

1. Intercity fahren ist die schönste Art, bequemer ans Ziel zu kommen!

2. Mit der Lernmaske XYZ lernen Sie schneller als bisher!

3. **XYZ-Lautsprecherboxen! Musik – begeisternder als im Konzertsaal!**

4. **Der NS 850 Ski-Schuh zeichnet sich durch höchsten Komfort und beste Passform aus!**

5. 12 FEINSTE GEBÄCKSORTEN FÜR DEN VERWÖHNTESTEN GAUMEN!

6. *Gönnen Sie sich die weitesten Flüge zu billigsten Preisen!*

7. Unser Waschmittel bringt strahlenderes Weiß!

Info

Achtung:	Nicht alle Adjektive können gesteigert werden. Ein Adjektiv, das zu einer der vier Gruppen gehört, wird nicht gesteigert.
	a) Es bezeichnet Eigenschaften, die sich nicht verändern.
Beispiel:	ägyptische Götter
	b) Es hat bereits die Bedeutung eines Superlativs.
Beispiel:	einzigartige Bauweise
	c) Es hat eine verneinte Bedeutung.
Beispiel:	zeitlose Bauwerke
	d) Es ist kein echtes Adjektiv, sondern ein Partizip.
Beispiel:	die Hängenden Gärten der Semiramis

AUFGABE 12

Überlege dir, welche der Adjektive sich nicht steigern lassen. In welche Gruppe von Adjektiven gehören sie?

Aus einem Sportbericht

Alle redeten vom Wetter, nur der strahlende Sieger nicht. Der erste Wettbewerb wurde zu einer außergewöhnlichen „Hitzeschlacht“. Gut kam der schwedische Spitzensportler Thomas Wassberg mit den besonderen Verhältnissen zurecht. Er gewann damit die fünfte Goldmedaille bei internationalen Wettbewerben. Der hohe Favorit Gunde Svan endete hoffnungslos abgeschlagen auf einem der letzten Plätze. Im Ziel waren sich fast alle Teilnehmer einig: „Die aufgeweichte Spur, der nasse Schnee und die schwere Strecke – das war eines der härtesten Rennen über 30 km, die es je gab. Ein absoluter Wahnsinn!“ Doch Wassberg meinte ganz nüchtern: „Ich fühlte mich total fit, es ist optimal gelaufen. Die schwierigen Bedingungen haben mir – anders als vielen Konkurrenten – gut gepasst. Es war nicht ungünstig, dass ich in der vergangenen Saison fast kein Rennen bestritten habe.“

Adjektive, die unveränderliche Eigenschaften bezeichnen

____

Adjektive, die bereits superlativische Bedeutung haben

___

Adjektive, deren Bedeutung verneint ist

___

Adjektive, die von der Form her Partizipien sind

___

Zusammenfassung und Test

MERKE

Das Adjektiv ist im Unterschied zum Artikel und Pronomen an kein bestimmtes Wort gebunden.

Das attributive Adjektiv steht bei Substantiven und wird dekliniert.
Das adverbiale Adjektiv bestimmt die Aussage von Verben und Adjektiven genauer.
Das prädikative Adjektiv kommt nur bei einigen bestimmten Verben als notwendige Ergänzung des Prädikats vor.

Als einzige Wortart wird das Adjektiv gesteigert und bildet zusätzliche Formen. Achte bei den Vergleichsformen auf das richtige Vergleichswort.

TEST

1 Handelt es sich in den folgenden Sätzen um Positiv- oder Komparativformen? Benutze die Abkürzung P bzw. K.
Füge außerdem, wenn nötig, das richtige Vergleichswort ein.

Leicht veränderte Lebensweisheiten

1. Besser ein lebender Hund ________ ein toter Löwe.
2. Ein kluger Mann sagt: Wer tiefer irrt, der wird auch schneller weise.
3. Lieber ein schlechter Gewinner ________ ein guter Verlierer.

4. Ein voller Bauch studiert seltener ________ ein leerer.

5. Wussten Sie schon, dass guter Ratschlag teurer geworden ist?

6. In rauer Schale steckt oft ein fauler Kerl.

7. Guter Staat ist teuer.

8. Dicker Kinder Eltern sollten häufiger fasten.

TEST 2

Bilde die richtigen Formen. Die Abkürzung hinter dem Adjektiv nennt die Steigerungsstufe.

XXX – Die (schön, S) Art, (braun, P) zu werden

Der (neu, P) Bräunungsfaktor regt durch (natürlich, P) Wirkstoffe selbst (empfindlich, K) Haut (behutsam, P) zur Bräunung an. Je (hoch, K) dabei der Schutzfaktor ist, desto (stark, K) ist die Bräunung. So werden Sie (sicher, S) (braun, P). Der XXX-Lichtschutzfaktor sorgt für ein (lang, P) Verweilen selbst in der (grell, S) Sonne. Je (überlegt, K) Sie diesen Faktor wählen, desto (gut, K) ist Ihre Haut geschützt. Machen Sie deshalb diese (außergewöhnlich, P) Sonnenkosmetik zu Ihrem (ständig, P) Begleiter.

TEST 3

Bestimme die Vergleichsstufe (P, K oder S) und Verwendungsart (attr, präd, adv) der Adjektivformen.

Beispiel: frühe (P, attr) Spuren der Menschheit

Frühe Spuren der Menschheit

Jüngst (________________) erfolgte (________________) Ausgrabungen im Zweistromland haben zu wirklich (________________) überraschenden (________________) Erkenntnissen über die Anfänge der Menschheit geführt. Um 8500 v. Chr. siedelten hier Menschen unter härtesten (________________) Lebensbedingungen in niedrigen (________________) Rundhütten. Später (________________) ließen sie sich an Flüssen nieder, wo durch das wärmere (________________) Klima die Nahrung reich (________________) vorhanden war. Die neueren (______________) Funde brachten grobe (______________) Feuersteine mit scharfen (______________) Klingen ans Licht, die sorgfältigst (__________________) verarbeitet sind und höchste (__________________) Handwerkskunst beweisen.

Zum Schluss noch ein kleiner rätselhafter Text von Gerhard Rühm, der mit dem Adjektiv auf besondere Weise umgeht:

dunkel hell
stein kühl fallen
regen leicht schweben
mensch schwer fallen
sonne heiß schweben
schwebt heiß stein
fiel schwer regen
schwebt leicht mensch
fiel kühl sonne

Schlusstest: Deklination

4

MERKE

Du hast die Wortarten Substantiv, Artikel, Pronomen, Adjektiv kennen gelernt. All diese Wortarten werden dekliniert und sind durch Kasus, Numerus und Genus bestimmt.

Die wichtigste Wortart ist dabei das Substantiv, weil es den Artikel, das Pronomen und das Adjektiv als Begleitwörter bei sich haben kann.

Meist kommen Substantive im Satz nicht allein, sondern mit anderen deklinierbaren Wörtern vor. Sie bilden zusammen die Substantivgruppe.

Alle Teile der Substantivgruppe sind miteinander kongruent, d. h. sie stimmen in Kasus, Numerus und Genus überein.
Du kannst durch ein Pronomen eine ganze Substantivgruppe ersetzen.

Beispiel: Zwei **junge Engländer** machten sich auf die Suche nach Eldorado, der Goldstadt. Sie (= zwei junge Engländer) hatten in irgendwelchen alten Urkunden davon gelesen.

Die beiden Forscher kämpften sich durch den Dschungel. Ihnen (= den beiden Forschern) war keine Anstrengung zu groß.

TEST

1 Unterstreiche die Substantivgruppen des folgenden Textes.

Pompeji

Keine andere versunkene Stadt gibt den Besuchern heute noch ein so unverfälschtes Bild davon, wie längst vergangene Völker gelebt haben. Du kannst über gepflasterte Straßen gehen und den kostbaren Schmuck in den Tempeln bewundern. In farbenprächtigen Mosaiken preisen geschäftstüchtige Kaufleute ihre seltenen Waren an. Du trittst in die geräumigen, reich geschmückten Häuser und bewunderst dort die wertvollen Räume.

TEST 2

Setze die Wörter in Klammern in den Satz ein.

Auch auf (der, amerikanisch) Erdteil haben die Menschen vor (viel) Jahrhunderten für (ihr) Götter (riesig) Häuser gebaut. In Peru haben Wissenschaftler das (gewaltig) Heiligtum der Sonne ausgegraben. Am Ende einer (mächtig) Treppe lockt uns (ein, riesengroß) Figur ins (dunkel) Innere, die aus (ein, einzig) Steinblock gemeißelt ist. Sie ist (reich, verziert). Mit (solch, wertvoll) Körperschmuck wollte der (früh) Künstler offenbar den (besonder) Rang der Person hervorheben. Hinter all (dieses, rätselhaft) Bildern ist eine (uralt) Botschaft versteckt.

TEST 3

Gib an, welche Substantive oder Substantivgruppen durch die farbigen Pronomina ersetzt werden.

Herculaneum

Die zweite Stadt, die durch den Vulkanausbruch untergegangen ist, liegt in der Nähe von Pompeji. Sie wurde wieder entdeckt, als Arbeiter zufällig einen Kanal bauten. Sie stießen auf gepflasterte Straßen und Wege. Auf ihnen lagen noch fast unversehrt Menschen und Tiere. Diesen war es nicht mehr gelungen, vor dem Aschenregen zu fliehen; so plötzlich war er über sie hereingebrochen. Bereits über 200 Jahre dauert die Ausgrabung der Ruinen. Sie beschert uns täglich Fundstücke von seltener Schönheit. Im Hause eines Kaufmanns kann man z. B. wundervolle Gemälde finden. Sie, aber auch Gegenstände aus dem Alltag, zeugen von einem reichen Leben.

5

Verb

Die Reise nach Indien – Aus Julias Tagebuch:

1. Tag: Abflug von Frankfurt im Großraumjet direkt nach Delhi an Bord First-Class-Verpflegung Ankunft in Delhi: ca. 17.00 Uhr

8. 8. 1987, 22.00 Uhr. Das Essen im Flugzeug war herrlich (Königinpastete als Vorspeise!!) – und links unter mir Wolken und blaues Meer. Leider sind wir in Delhi sehr spät angekommen, so dass ich von der Stadt fast nichts mehr sehen konnte. Morgen Vormittag besichtigen wir zuerst die Altstadt.

2. Tag: Um 14.00 Uhr Abfahrt zur Besichtigung der Altstadt von Delhi Übernachtung im Palast eines Maharadschas mit märchenhaftem Luxus

9. 8. vor dem Abendessen: Die ersten Eindrücke: bettelnde Kinder auf überfüllten Straßen, viel Lärm, aber auch herrliche Tempel. Überall wurde ich wegen meiner blonden Haare bestaunt. – Ich bin schon ganz aufgeregt: Heute Nacht werde ich im Prunkbett eines Maharadschas schlafen!!
10. 8., 10.00 Uhr. Wundervoll geschlafen! – Drei Diener in prächtigen Uniformen brachten mir das Frühstück ans Bett – als wäre ich eine Prinzessin aus Tausendundeiner Nacht! Das Riesenbett war mit richtigem Gold verziert.

11. Tag: Morgens Besuch von Amber, einer ehemaligen Fürstenresidenz. Nach dem Mittagessen Abflug nach Jaipur, der „rosaroten" Stadt

Ich bin auf einem geschmückten Elefanten geritten!! Es war märchenhaft, aber ich hatte auch ein bisschen Angst. Heute Nachmittag fliegen wir mit einem kleinen Flugzeug nach Jaipur. Der Reiseleiter sagt, die Stadt sei rosarot angemalt. Meine Lieblingsfarbe!!

Du hast dich vielleicht gewundert, dass in Julias Tagebuch zwei verschiedenartige Texte vorkommen. Das kann ich dir erklären: Julia hat aus dem Reiseprospekt einzelne Ankündigungen ausgeschnitten und darunter geschrieben, was sie wirklich erlebt hat. Dir ist beim Lesen sicher aufgefallen, dass in der Reiseankündigung fast nur Substantive vorkommen. Im Tagebuch dagegen benützt Julia vor allem Verben, die in verschiedenen Formen auftauchen.

AUFGABE 1

Mach dir die Unterschiede zwischen Verb und Substantiv klar, indem du ihre Formen miteinander vergleichst.
Schreibe zum jeweiligen Substantiv die passenden Sätze aus Julias Tagebuch.

Im Reiseprospekt	**Im Tagebuch**
1. Tag	
First-Class-Verpflegung	Das Essen ________________
Ankunft in Delhi	________________
2. Tag	
Besichtigung der Altstadt	________________
Übernachtung im Palast	________________
mit märchenhaftem Luxus	________________
11. Tag	
Ritt auf Elefanten	________________
Abflug nach Jaipur	________________

Das solltest du beim Vergleich herausgefunden haben:
Das Verb verändert seine Formen anders als ein Substantiv. Die Verbformen bestehen manchmal sogar aus mehreren Wörtern.

Info

Das **Verb** bezeichnet Handlungen, Vorgänge oder Zustände. Wie beim Substantiv verändert sich auch beim Verb die Wortform in einem Text. Das nennt man konjugieren. (Beim Substantiv spricht man vom Deklinieren.)

Jede konjugierte Verbform ist durch **fünf** Merkmale bestimmt.

Beispiel:

1. Person	ich sehe	du s**iehst**
2. Numerus	ich sehe	wir seh**en**
3. Modus	ich sehe	ich s**ähe**
4. Tempus	ich sehe	ich s**ah**
5. Genus des Verbs	ich sehe	ich **werde gesehen**

Eine konjugierte Verbform nennt man auch **finit.**
Im Satz ist die finite Verbform immer das **Prädikat.**

Das Verb-Kapitel ist umfangreicher als die anderen. Der Stoff ist deshalb in mehrere Portionen aufgeteilt, die du der Reihe nach oder auch einzeln durchgehen kannst.
Wir werden die fünf Merkmale einer finiten Verbform Schritt für Schritt besprechen. Die Zusammenfassung findest du im Kapitel Konjugation.

Person und Numerus

Info

In der finiten Verbform werden **Person** und **Numerus** ausgedrückt. Es gibt jeweils drei Personen im Singular und Plural. Die Person gibt an, wer oder was am Geschehen beteiligt ist, der Numerus, wie viele es sind.
Die 1. Person bezeichnet den Sprecher oder Schreiber des Textes; die 2. Person den Hörer oder Leser.
Die 3. Person bezeichnet Personen oder Dinge, über die gesprochen oder geschrieben wird.

Die finite Verbform nennt man auch **Personalform.** Sie bildet im Satz das Prädikat und stimmt in Person und Numerus mit dem Subjekt überein.

Beispiel: 1. Person Singular: **Ich fahre** nach Indien.
2. Person Singular: **Du fährst** nach Indien.
3. Person Plural: Viele **Touristen fahren** nach Indien.

Bildung der Personalformen

Bei einigen Verben ändert sich in der 2. und 3. Person Singular der Vokal der Stammsilbe.

Beispiel: ich schlafe – du schläfst – er, sie, es schläft

Das Verb „sein" hat drei verschiedene Stämme: Im Gedicht „Nonjugation" (kein Druckfehler!) von R. Haufs kannst du die wichtigen Formen nachlesen.

Ich bin 1 Gedicht
Du bist Dein Gedicht
Er sie es sind 3 Gedichte
Wir sind alle Gedichte
Ihr seid unsre Gedichte
Sie sind auch ein Gedicht

Frage: Wie heißt die Zeile 3, wenn nur das Pronomen „er" verwendet wird?

Infinite Verbformen

Neben den **Personalformen** gibt es drei **infinite Verbformen**, die keine Person, sondern nur einen Vorgang oder Zustand bezeichnen.

1. **Infinitiv**
Er bildet die Grundform des Verbs und gibt nur seine Bedeutung an.

Beispiele: tanzen, erblühen, sein

2. **Partizip I** (= Partizip Präsens)
Es drückt aus, dass ein Geschehen oder ein Zustand andauert. Es wird fast nur als Adjektiv verwendet.

Beispiel: Ich sah viele **bettelnde** Kinder.

3. **Partizip II** (= Partizip Perfekt)
Es bezeichnet den Abschluss eines Geschehens oder Zustands. Es dient vor allem dazu, zusammengesetzte Verbformen zu bilden.

Beispiel: Die Häuser sind rosa **angemalt.**

Es wird auch als Adjektiv verwendet und entsprechend dekliniert.

Beispiel: Die Stadt Jaipur besteht aus rosa **angemalten** Häusern.

AUFGABE 2

Schreibe die Sätze um, indem du die Höflichkeitsform in die 2. Person Singular veränderst.

Beispiel: Sie besichtigen —> du besichtigst

Aus dem Reiseprospekt

Am vorletzten Tag der Traumreise fliegen Sie nach Katmandu, der Hauptstadt von Nepal. Dort müssen Sie Patan, die uralte Königsstadt, besuchen. Sie sehen herrliche Tempel mit prachtvollen Toreingängen. Und in Bodnath dürfen Sie den berühmten Buddha bestaunen, der in alle Himmelsrichtungen blickt. Wenn Sie mögen, können Sie sich in malerischen Cafés eine Ruhepause gönnen. Sie essen zuckersüßes Gebäck und nehmen honigsüßen Tee zu sich. Und in unserem First-Class-Hotel schlafen Sie in orientalischem Luxus. Diesen Tag vergessen Sie ganz sicher nicht.

AUFGABE 3

Ordne die infiniten Verbformen richtig in die Tabelle auf S. 56 ein. Kannst du den Verfasser des Textes erraten? Wenn nicht – im Kapitel „Adverb“ wird erklärt, wer sich hier äußert.

Aus dem Reisebericht eines anderen Indienbesuchers

Im weiteren Verlauf meiner Fahrt entdeckte ich eine große Siedlung, die ausgedehnteste, die wir bisher vorgefunden hatten. Ich sah, wie eine Horde nackter Eingeborener laut schreiend und ihre Furcht einflößenden Spieße schwingend zum Ufer gelaufen kam. Da ich mit ihnen sprechen wollte, gab ich Befehl, vor Anker zu gehen. Gleichzeitig hatte ich angeordnet, die Indianer mit den mitgeführten Kleinigkeiten zu beschenken. Anfangs gaben die drohenden Indianer zu verstehen, dass sie keineswegs gesonnen seien, die Weißen landen zu lassen. Als sie aber sahen, dass die Boote immer näher ans Land herankamen, ergriffen sie schnell davonlaufend die Flucht.

Infinitiv	Partizip I	Partizip II
___	___	___
___	___	___
___	___	___

Tempus

Die Geschichte von der Traumreise nach Indien ist noch nicht zu Ende. Als Julia schon längst wieder zu Hause ist, kommt eine verspätete Postkarte aus Indien bei ihrer Freundin an.

> Liebe Anne,
> ich schreibe dir ganz schnell diese Karte. Stell dir vor: In einer Stunde reite ich auf einem richtigen großen Elefanten! Hoffentlich falle ich nicht runter?!
> Wir werden noch heute nach Jaipur fliegen. Dort sind alle Häuser in meiner Lieblingsfarbe Rosa angemalt. Ganz toll war es auch im Palast des Maharadschas. Ich habe im Bett des Maharadschas geschlafen. Das Bett war riesengroß und mit Gold verziert.
>
> Viele herzliche Grüße an dich
> Deine Julia
>
> *** Es wäre schön, wenn du auch hier sein könntest!

Du bemerkst, dass sich die Tempusformen auf der Postkarte im Vergleich zum Tagebuch geändert haben, obwohl es sich um die gleichen Ereignisse handelt. Woran liegt das? Die Wahl der Tempusform hängt offensichtlich davon ab, zu welchem Zeitpunkt etwas gesagt oder geschrieben wird.
Lies dir den Text der Postkarte noch einmal durch und versuche folgende Frage zu beantworten: Wann wurde die Postkarte geschrieben? …

Info

Mit Hilfe der **Tempusform** hast du die Möglichkeit, ein Geschehen zeitlich einzuordnen. Dabei gehst du immer von dem Augenblick aus, in dem du sprichst oder schreibst.

Es gibt drei Zeitstufen, in die du das Geschehen einordnen kannst:
Ein Geschehen, das **während der Sprechzeit** abläuft, liegt in der **Gegenwart.**
Ein Geschehen, das **zeitlich zurückliegt,** gehört zur **Vergangenheit.**
Ein Geschehen, das noch **zu erwarten ist,** liegt in der **Zukunft.**

Zu den drei Zeitstufen gehören jeweils zwei Tempusformen.

Zeitstufe Gegenwart
1. Das **Präsens** drückt aus, dass ein Geschehen im Augenblick stattfindet. Es wird auch verwendet, wenn etwas zeitlos gültig ist.
Mit entsprechenden Zeitangaben weist das Präsens auch in die Zukunft.

Beispiele: Ich **singe** (gerade, jetzt, in diesem Augenblick).
Ich **denke** (oft, immer wieder) an dich.
Lügen **haben** (stets) kurze Beine. 2 x 2 **ist** (immer) 4.
Heute Nachmittag **fliegen** wir nach Jaipur.

2. Das **Perfekt** stellt fest, dass ein Geschehen zwar in der Vergangenheit abgeschlossen ist, aber als Ergebnis für die Gegenwart wichtig ist („Ergebnis-Perfekt“). Es kommt oft zusammen mit dem Präsens vor und bezeichnet dann die Vorzeitigkeit.

Beispiel: Ich **habe** (gestern) bis in die Nacht **gearbeitet,** und ich bin deshalb (nun, heute) müde.

Beachte: Im Süden Deutschlands wird das Perfekt auch verwendet, um von vergangenen Geschehnissen zu erzählen („Erzähl-Perfekt“).

Zeitstufe Vergangenheit
1. Das **Präteritum** bezieht sich auf ein vergangenes Geschehen. Du findest das Präteritum sehr häufig in Berichten oder Erzählungen.

Beispiele: Ich **arbeitete** (gestern, damals) recht gerne.
Es **war** einmal (vor langer, langer Zeit) ein König.

2. Das **Plusquamperfekt** kommt fast nur in Verbindung mit dem Präteritum vor und bezeichnet dann die Vorzeitigkeit.

Beispiel: Nachdem ich **gearbeitet hatte,** war ich müde.

Zeitstufe Zukunft
1. Das **Futur I** kündigt ein kommendes Geschehen an. Du kannst das Futur I auch verwenden, um einen Wunsch oder eine Vermutung auszusprechen. Oft wird es durch das Präsens mit Zeitangaben ersetzt.

Beispiele: Wir **werden** bald wieder zu Hause **sein.**
Du **wirst** jetzt deine Hausaufgaben **machen!**
Das **wird** ganz schön teuer **werden.**

2. Das **Futur II** kommt im Deutschen sehr selten vor. Es bezeichnet ein abgeschlossenes Geschehen, das allerdings erst erwartet wird. Meist wird es durch das Ergebnis-Perfekt ersetzt.

Beispiel: Wenn ich nach Hause **zurückgekehrt sein werde** (besser: bin), werde ich dir alles erzählen.

Mache dir noch einmal durch die Übersicht klar, wie die Zeitstufen und Tempusformen zusammenhängen.

Zeitstufen	**Tempusformen**	
Gegenwart	Präsens	Perfekt
Vergangenheit	Präteritum	Plusquamperfekt
Zukunft	Futur I (Präsens)	Futur II (Perfekt)

Dir ist sicher aufgefallen, dass die Zeitstufe etwas anderes ist als das Tempus. Verwende deshalb für die Tempusformen die lateinischen Fachausdrücke und für die Zeitstufen die deutschen.

AUFGABE 4

Nummeriere die Sätze in der richtigen zeitlichen Reihenfolge. Um es dir ein bisschen einfacher zu machen, haben wir den ersten und letzten Satz vorgegeben!

Elefantenschule

(8) dürfen sie später als Paradetiere bei religiösen Festen auftreten.
( ) Nachdem man sie eingefangen hatte,
( ) muss büßen.
( ) Das bekamen einige indische Elefanten zu spüren,
( ) Wenn sie „anständiges Benehmen gegenüber den Menschen“ gelernt haben,
( ) die in den letzten Wochen großen Schaden angerichtet hatten.
( ) mussten sie drei Wochen lang eine „Elefanten-Schule“ besuchen.
(1) Wer sich zu wild gebärdet,

AUFGABE 5

Stelle fest, zu welcher Zeitstufe das Tempus jeweils gehört, und trage die entsprechende Satznummer ein.

Krawattenrekord

1. Umberto Sala, italienischer Textilfabrikant, hat dem Schiefen Turm von Pisa den größten Schlips der Welt verpasst.
2. Dazu verwendete er eine 44 m lange Stoffbahn in den italienischen Nationalfarben.
3. Für den Knoten brauchte er mehrere Tage.
4. Sala plant ein noch größeres Schlips-Abenteuer.
5. Als nächstes wird er der New Yorker Freiheitsstatue an den Hals gehen

Zeitstufe	**Satznummer**
Vergangenheit:	______________________
Gegenwart:	______________________
Zukunft:	______________________

Info

Bildung der Tempusformen

Jedes Verb hat **drei Stammformen,** mit deren Hilfe du alle Tempusformen bilden kannst:

1. Infinitiv	= Präsensstamm	besichtigen
2. 1. Person Sing. Prät.	= Präteritumstamm	(ich) besichtigte
3. Partizip II	= Perfektstamm	besichtigt

Die Verben bilden die Tempusformen auf verschiedene Weise. Man unterscheidet die **starke, schwache** und **unregelmäßige Konjugation.** Zu welcher Konjugationsklasse das jeweilige Verb gehört, siehst du an der 2. und 3. Stammform.

2. Stammform (= **Präteritumstamm**)

Die **starken** Verben verändern den Stammvokal.

Tipp: Bei manchen Verben kannst du den veränderten Stammvokal auch am dazugehörenden Substantiv sehen.

Beispiel: binden – das Band – (ich) band

Die **schwachen** Verben bilden das Präteritum mit der Silbe **-te.**

Die **unregelmäßiaen** Verben verändern den Stammvokal und fügen gleichzeitig die Silbe **-te** der schwachen Verben an.

3. Stammform (= **Perfektstamm**)

Den Perfektstamm erkennst du bei allen Verben an der Vorsilbe **ge-.**

Alle starken Verben haben im Perfektstamm die Endung **-en,** die schwachen und die unregelmäßigen die Endung **-t.**

Aufpassen musst du allerdings bei Verben, die bereits eine Vorsilbe haben.

Wenn sie betont ist, wird die Silbe ge- danach eingeschoben; wenn die Vorsilbe unbetont ist, entfällt das ge-.

Beispiele:

besichtigen	besichtigt
vorsorgen	vor-ge-sorgt

Im Folgenden haben wir dir eine Übersicht über alle Tempusformen zusammengestellt.

	stark	schwach	unregelmäßig
Infinitiv	fallen	lachen	bringen
Präteritumstamm	fiel	lachte	brachte
Perfektstamm	gefallen	gelacht	gebracht
betonte Vorsilbe	vorgefallen	ausgelacht	vorgebracht
unbetonte Vorsilbe	verfallen	verlacht	verbracht

Mit Hilfe der Stammformen bist du nun in der Lage, alle Tempusformen zu bilden.
Dabei unterscheidet man die **einfachen** von den **zusammengesetzten** Formen.

a) Einfache Tempusformen

Die einfachen Tempusformen werden durch das Vollverb allein gebildet. Nur das **Präsens** und das **Präteritum** haben einfache Tempusformen.

Achtung: Einige Verben bilden ein starkes und ein schwaches Präteritum mit unterschiedlicher Bedeutung.

Beispiele:

Der Bauer trinkt.	Der Bauer trank.
Der Bauer gab seinem Vieh zu trinken.	Der Bauer tränkte sein Vieh.

AUFGABE 6

Verwandle die Präsensformen in Präteritumformen und setze das passende Substantiv ein.

Auf dem Reiterhof

1. Ganz früh am Morgen reiten wir mit unseren Pferden aus.
2. Welch ein herrlicher ______________ über die grünen Wiesen!
3. Über einem Hindernis reißt sich Brigitte die Hose auf.
4. Den ______________ nähte danach ihre Mutter mit einem Flicken zu.
5. Auf dem Turnierplatz streichen Susanne und Carmen die Hindernisse an.
6. Der Trainer lobte sie: „Den ______________ habt ihr gut hinbekommen.“
7. Dabei pfeift er anerkennend durch die Zähne.

8. Aber es war nur ein leiser ______________, den die anderen leider nicht hörten.

9. Im Stall greift Martin dem Schimmel in die dicke Mähne.

10. Aber den ______________ bemerkte der Schimmel gar nicht.

11. Nur ein kleines Tierchen flieht springend davon.

12. Kaum zu glauben. Es war ein ______________!

AUFGABE 7

Wandle die Präsensformen in Präteritumformen um.

1. Die Arbeiter fällen den Baum, und dann fällst du darüber.
2. Noch schwimmen Fische im Wasser. Aber wer schwemmt das Gift heraus?
3. Alle Wege führen nach Rom, deshalb fahren wir auch nach Rom.
4. Du beugst das Substantiv. Ich biege den Stahl.
5. Das Kind setzt sich auf den Stuhl. Dann sitzt es da und guckt.

Info

b) Zusammengesetzte Tempusformen

Alle mehrteiligen Verbformen bildet man aus einem **finiten Hilfsverb** und **infiniten Formen,** die sich nicht verändern. Als Hilfsverben dienen die Verben **werden, sein, haben.**

Achte auf die richtige Stellung der Verbform im Satz!

Im Hauptsatz steht das finite Hilfsverb an zweiter Stelle und die infiniten Verbformen am Ende des Satzes. Sie bilden so die **Satzklammer.**

Im Gliedsatz befindet sich das finite Hilfsverb am Ende und die finite Verbform davor.

Beispiele: Ich **werde** im Prunkbett des Maharadschas **schlafen.**

Ich freue mich darauf, dass ich im Prunkbett **schlafen werde.**

Tempusformen mit dem Hilfsverb „werden“

Futur I: „werden“ + 1. Stammform

Beispiel: Wir **werden** nach Jaipur **fliegen.**

Futur II: „werden“ + 3. Stammform + „haben/sein“

Beispiel: Ich verspreche dir: Bis Weihnachten **werde** ich meine Noten **verbessert haben.**

Tempusformen mit dem Hilfsverb „haben/sein“

Perfekt: „haben/sein“ + 3. Stammform

Beispiel: Ich **bin** in Delhi sehr spät **angekommen.**
Ich **habe** im Bett eines Maharadschas **geschlafen.**

Möglicherweise hast du Schwierigkeiten bei der Wahl des richtigen Hilfsverbs.

Beachte: Nur Verben, die eine Bewegung ausdrücken und kein Akkusativobjekt nach sich haben können, gebrauchen das Hilfsverb „sein“.

Beispiel: Ich laufe. Ich **bin** gelaufen.

Verben, bei denen du mit der Kasusfrage: Wen oder was? das Akkusativobjekt erhältst oder probeweise ergänzen kannst, benützen das Hilfsverb „haben“.

Beispiel: Ich singe ein Lied. Ich **habe** ein Lied **gesungen.**

Plusquamperfekt: „hatte/war“ + 3. Stammform

Beispiel: Nachdem wir die Altstadt von Delhi **besichtigt hatten,** gönnten wir uns ein Essen in einem feinen Restaurant.

Der Wechsel zwischen „haben“ und „sein“ richtet sich nach denselben Regeln wie beim Perfekt.

AUFGABE 8

Wandle die Präsensformen in Perfektformen um.

Wie FC Bayern Meister geworden ist

Zehn Meistertitel sammeln die Münchner Bayern. Der Lorbeer der Konkurrenz verwelkt. Drei Titel in einer Serie: Keinem gelingt das bisher. Und keiner begrüßt mehr Zuschauer, keiner verdient mehr, keiner gewinnt häufiger und bleibt länger ungeschlagen. Der FC Bayern verleiht der Bundesliga Glanz. Was kann die Mannschaft dafür, dass die Gegner so schwach auf der Brust sind?
Gleich zu Beginn setzen sich die Münchner an die Spitze, zu früh, wie der Trainer findet.

Genus des Verbs

Info

Mit dem **Genus des Verbs** drückst du aus, wie du das Geschehen betrachtest.

Mit dem Aktiv drückst du aus, dass das Subjekt im Mittelpunkt steht.

Beispiel: Ich **lobe** dich. = Sehrichtung auf das handelnde Subjekt

Im Passivsatz betrachtest du das Geschehen aus einer anderen Richtung. Im Mittelpunkt steht jetzt der Vorgang.

Beispiel: Ich **werde gelobt** = Sehrichtung auf den Vorgang

Achtung: Verwechsle das Genus des Verbs nicht mit dem Genus des Substantivs!
Deshalb rate ich dir, immer den Ausdruck „Genus des Verbs“ zu benützen, um Missverständnisse zu vermeiden.

Was du beim Kapitel Tempus gelernt hast, kannst du jetzt gut gebrauchen. Im Passiv kommen nämlich dieselben sechs Tempora vor.

Bildung der Passivformen

Die Passivformen werden aus dem Hilfsverb „werden“ bzw. „sein“ und der 3. Stammform zusammengesetzt.
Erinnere dich daran, dass sich dabei nur das Hilfsverb verändert.

Tempusformen mit dem Hilfsverb „werden“

Präsens:	Ich **werde** überall **bestaunt.**
Präteritum:	Ich **wurde** überall **bestaunt.**
Futur I:	Ich **werde** überall **bestaunt werden.**
Futur II:	Ich **werde** überall **bestaunt worden sein.**

Tipp: Dir ist sicher aufgefallen, dass das Präsens Passiv ebenso wie das Futur I Aktiv das Präsens des Hilfsverbs „werden“ verwendet. Die Formen kannst du aber mit einem Blick leicht unterscheiden. Sieh immer auf die infinite Form und erinnere dich:
Nur das Futur I Aktiv hat einen Infinitiv bei sich!

Beispiele:

Futur I Aktiv:	Ich **werde** die Altstadt von Delhi **besichtigen.**
Präsens Passiv:	Delhi **wird** von vielen Menschen **besichtigt.**

Tempusformen mit dem Hilfsverb „sein“

Perfekt:	Ich **bin bestaunt worden.**
Plusquamperfekt:	Ich **war bestaunt worden.**

Neben den Passivformen, die einen Vorgang ausdrücken, gibt es auch noch das **Zustandspassiv,** das einen Zustand in den Mittelpunkt rückt.
Das Zustandspassiv besteht aus einer Personalform von „sein“ + Partizip.

Präsens:	Die Häuser **sind** rosarot **angemalt.**
Präteritum:	Die Häuser **waren** rosarot **angemalt.**

Du kannst das Zustandspassiv zur Probe in ein attributives Adjektiv umwandeln.

Beispiel: Die Häuser sind bewohnt. —> Die bewohnten Häuser

Beachte: Die Formen des Perfekts Aktiv, die mit „sein“ gebildet werden, und des Zustandspassivs sehen recht ähnlich aus. Ergänze probeweise das Wort „worden“. Wenn es möglich ist, handelt es sich um eine passive Form.

Vergleiche:

Ich bin gewaschen.	Ich bin gewachsen.
Ich bin gewaschen worden.	–

AUFGABE 9

Bestimme Tempus und Genus der Verbformen.

Eine alte Wikingersiedlung in Norddeutschland

1. In der Nähe der Stadt Schleswig liegt eine der ältesten Siedlungen Deutschlands.
2. Hier befand sich einst ein bedeutsamer Hafen der Wikinger.
3. Er wurde öfters Opfer von Raubüberfällen.
4. Im Jahre 1066 war die Stadt fast völlig zerstört worden.
5. Aber immer noch werden in der Nähe des alten Hafens Ausgrabungen gemacht.
6. Man fand sogar ein ganzes Wikingerboot.
7. Und erst kürzlich hat man einen Runenstein entdeckt, in den altgermanische Schriftzeichen eingemeißelt sind.
8. Von dem alten Königsgrab aus hat man einen herrlichen Ausblick aufs ganze Land.

AUFGABE 10

Bestimme das Genus des Verbs mit folgenden Abkürzungen:
A = Aktiv, VP = Vorgangspassiv, ZP = Zustandspassiv.

Die Höhle von Lascaux: ein Blick in die Steinzeit

1. Nur durch einen Zufall wird 1940 die Höhle von Lascaux entdeckt.
2. In ihr gibt es Malereien, die vor 17 000 Jahren entstanden sind.
3. Die schönsten Bilder wurden in einem engen Gang gefunden.
4. Besonders rätselhaft ist der Mann mit dem Vogelkopf.
5. Dieses urzeitliche Heiligtum war von Menschen nie bewohnt.
6. Noch heute ist der Ort von einem geheimen Zauber erfüllt.
7. Durch die vielen Besucher sind jedoch die Bilder gefährdet.
8. Deshalb wurde die Höhle für Besucher geschlossen.
9. Aber daneben ist eine getreue Nachbildung der Höhle entstanden.
10. Das Abbild ist täuschend ähnlich geworden.

AUFGABE 11

Bestimme das Tempus und das Genus mit folgenden Abkürzungen:
PrA = Präsens Aktiv, PrP = Präsens Passiv, FA = Futur I Aktiv.

Praktische Hinweise für eine Flugreise

1. Immer mehr wird das Flugzeug das ideale Verkehrsmittel (   ), um von Europa in ferne Länder zu kommen.

2. Es wird empfohlen (   ), auf langen Reisen mindestens eine Übernachtung einzuplanen.
3. Nach Indien werden auch zahlreiche Charterflüge angeboten (   ).
4. Dadurch wird der Urlaub billiger (   ); da wird man gerne auf einigen Komfort verzichten (   ).
5. Aber Achtung! In einigen Ländern wird zusätzlich eine Flughafensteuer erhoben (   ).
6. Damit Ihr Urlaub im Fernost ein Genuss wird (   ), wenden Sie sich bitte an Ihr Reisebüro.
7. Dort wird man Sie freundlich beraten (   ); außerdem werden alle Formalitäten zuverlässig erledigt (   ).

Modus

Info

Der **Modus** bezeichnet die Art der Verbaussage.
Er bezieht sich in seiner Wirkung auf den ganzen Satz und gibt an, wie die Satzaussage einzuschätzen ist.
Es gibt drei Modi: Indikativ, Konjunktiv und Imperativ.

a) **Indikativ**

Du verwendest ihn, wenn du ein Geschehen als tatsächlich darstellst. Das gilt auch, wenn du z. B. Geschichten erfindest.

Beispiele: Es **ist** (tatsächlich) wundervoll hier.
Es **war** einmal ein König.

b) **Konjunktiv**

Durch ihn drückst du aus, dass du keine Aussage über Tatsachen machen willst oder kannst. Dabei musst du zwischen dem **Konjunktiv I** und **II** unterscheiden:

Der Konjunktiv I bezeichnet eine Anweisung oder einen Wunsch.

Außerdem dient er dazu, eine Aussage einzuschränken. Dies ist z. B. nötig, wenn du die Sätze einer anderen Person wiedergibst.

Beispiele: Man **nehme** ein Pfund Mehl und drei Eier!
Der Reiseleiter sagt, in Jaipur **seien** die Häuser rosa angemalt.

Den Konjunktiv II benützt du, wenn du klar machen willst, dass das Geschehen nur gedacht ist und sich in Wirklichkeit nicht ereignet.

Beispiel: Es **wäre** schön, wenn du hier sein **könntest!**

c) **Imperativ**

Durch ihn drückst du einen Wunsch oder eine Aufforderung aus.

Beispiel: **Stell** dir vor: Ich reite auf einem Elefanten!

Bildung der Modalformen

a) Der **Indikativ** hat kein eigenes Moduszeichen.
Er hat dir sicher noch keine Schwierigkeiten bereitet.

b) Die Formen des **Imperativs** kannst du leicht von den Indikativformen ableiten. Es gibt nur drei Möglichkeiten:

	Imperativ
Singular	Stell(e) dir vor!
Plural	Stellt euch vor!
Höflichkeitsform	Stellen Sie sich vor!

Einige Verben verändern beim Imperativ den Stammvokal und hängen kein **-e** an.

Beispiel:

Grundform	(2. P. S. Ind. A.)	Imperativ Singular
befehlen	(du befiehlst)	Befiehl!

c) Der Konjunktiv I unterscheidet sich vom Indikativ Präsens nur in der 3. Person Singular.

Beispiel: Indikativ: er, sie, es lacht Konjunktiv I: er, sie, es lache

Der **Konjunktiv II** unterscheidet sich nur bei einigen starken Verben vom Indikativ Präteritum.

Beispiel:

ich **flog**	ich **flöge**
ich **war**	ich **wäre**

Hinweise zum Gebrauch der Konjunktivformen

Da der Indikativ im Präsens mit dem Konjunktiv I gleich lautet, werden meist die Formen des Konjunktivs II als Ersatzform benutzt.

Beachte: Dies ist bei der 3. Person Singular nie nötig, weil sich die Endungen immer unterscheiden.

Beispiele:

Indikativ	Konjunktiv I	Ersatzform
wir besichtigen	wir besichtigen	wir besichtigten
er, sie, es besichtigt	er, sie, es besichtige	–

Da der Indikativ im Präteritum mit dem Konjunktiv II gleich lautet, wird mit „würde" umschrieben.

Beachte: Dies ist bei einigen starken Verben und den Modalverben nicht nötig, weil sie im Konjunktiv den Stammvokal verändern.

Beispiele:

Konjunktiv I	Konjunktiv II	Ersatzform
wir besichtigten	wir besichtigten	wir würden besichtigen
wir flogen	wir flögen	–
wir konnten	wir könnten	–

AUFGABE 12

Verändere die Backanleitung, indem du die Aufforderungen abschwächst und statt dessen das unpersönliche „man" mit dem Konjunktiv I verwendest.

Beispiel: Nehmen Sie … ! ⟶ Man nehme …

Kopfsalat

1. Reiben Sie die Schüssel mit einer Knoblauch-Zehe aus.
2. Zerkleinern Sie die Zutaten für die Sauce, verrühren Sie diese und lassen Sie alles etwas ziehen.
3. Gießen Sie die Sauce über den Salat und mischen Sie rasch durch.
4. Richten Sie den Salat erst kurz vor dem Verzehr an.
5. Tipp: Schütteln Sie die Sauce in einem Schraubglas kräftig durch.

AUFGABE

13 Ein indischer Fremdenführer erzählt:

1. Das Taj Mahal ist das schönste Grabmal der Erde.
2. Es wird von keinem anderen Bauwerk an Glanz und Pracht übertroffen.
3. Ein indischer Kaiser hat es für seine verstorbene Frau erbaut.
4. Dieses Grabmal soll den Menschen als ein Mahnmal für die Macht der Liebe dienen.
5. Der Kaiser hat 20 000 Arbeiter beschäftigt und zwei Jahre benötigt, um das Bauwerk fertigzustellen.
6. Er hat auch vorgehabt, für sich selbst ein pechschwarzes Grabmal errichten zu lassen.
7. Sein Wunsch ist es gewesen, die beiden Grabstätten durch eine silberne Brücke zu verbinden.
8. Sein Sohn aber hat ihn in einer nahe gelegenen Festung einsperren lassen.

Schränke die Aussagen des Fremdenführers ein, indem du statt der Indikativformen Konjunktiv I-Formen einsetzt:

Man sagt,

1. ______________________________

2. ______________________________

3. ______________________________

Man vermutet,

4. ______________________________

5. ______________________________

6. ______________________________

Man erzählt sich,

7. ______________________________

8. ______________________________

9. ______________________________

AUFGABE 14

Wandle folgende Behauptungen ins Gegenteil um. Beginne jeden Satz mit „Es wäre schön, wenn …“.

Beispiel: Im Winter ist es kalt. —> Es **wäre** schön, wenn es im Winter **warm wäre.**

1. Der Nürnberger Trichter funktioniert nicht.
2. Die Stühle in der Schule sind nicht gepolstert.
3. Am Wandertag fahren die Schüler nicht nach Indien.
4. Die Regeln der Grammatik lernt man nicht im Schlaf.
5. Für die Teilnahme am Unterricht bekommt keiner 50 DM.
6. Die deutschen Schüler haben in Europa die kürzesten Ferien.

AUFGABE 15

Wandle die Höflichkeitsform (zusammen mit den Pronomina) in die 2. Person Singular um.

Beispiel: Sie lernen —> du lernst

Die Sterne sagen immer die Wahrheit (oder auch nicht)

Zwilling

Sie lernen eine wichtige Persönlichkeit kennen. Schlagen Sie eine Bitte um Hilfe nicht ab. Geben Sie Ihrem Gefühl nach und helfen Sie ohne Bedenken.

Waage

Ein großer Wunsch geht in Erfüllung. Werfen Sie Ihre Hemmungen ab. Laden Sie Freunde ein und feiern Sie.

Schütze

Lassen Sie sich zu nichts überreden, was Sie anstrengt. Nehmen Sie sich nichts vor, was Ihre Kräfte übersteigt.
Werfen Sie nicht Ihre guten Vorsätze über Bord.

Löwe

Vergessen Sie Ihre Freunde nicht und zeigen Sie ihnen, wie wichtig sie Ihnen sind. Morgen fühlen Sie sich so wohl wie schon lange nicht mehr.

Skorpion

Sie spüren leise Wehmut, wenn Sie an einen bestimmten Menschen denken. Melden Sie sich doch einfach bei ihm.

Wassermann

Schreiben Sie mal auf, was Sie sich noch vorgenommen haben. Sehen Sie den Schwierigkeiten ins Auge.

Modalverb

Info

Das **Modalverb** bestimmt die **Art und Weise eines Geschehens** genauer. Es gibt sechs Verben, die als Modalverben verwendet werden:

Modalverb	Art des Geschehens	Beispiele
können	möglich	Ich kann schwimmen.
müssen	notwendig	Ich muss lernen.
wollen	beabsichtigt	Ich will fernsehen.
sollen	erwartet	Ich soll abwaschen.
dürfen	erlaubt	Ich darf ins Kino gehen.
mögen	erwünscht	Ich mag tanzen.

Verwechsle das Modalverb nicht mit dem Modus des Verbs. Das Modalverb bestimmt die Art des Geschehens, der Modus die Art der Aussage.

Beispiel: **Sollte** es zu viel verlangt sein, wenn du vielleicht so nett sein **könntest** und mir das letzte Brötchen mit viel Butter und noch mehr Marmelade herüber reichen **wolltest,** auf dass es mir wohl bekommen **möge.** (Vornehm!)

Beachte: Die Modalverben bilden kein Passiv und keinen Imperativ.

AUFGABE **16** Schreibe jeweils die entsprechende Ziffer zu den passenden Stichwörtern.

Umfrage: „Was muss ein richtiges Münchner Wirtshaus bieten (1)?“

Liesl Müller, Industriekauffrau: „Bodenständig und gemütlich müssen die Wirtshäuser sein (2). Knödel, Weißwürst' und ein gutes Bier dürfen nicht fehlen (3).“

Josef Engel, Unternehmensberater: „Bäuerlich müssen sie sein (4). Auf das bayerische Essen will ich nicht verzichten (5). In einer anständigen Gaststätte soll es Schweinebraten und Krautsalat geben (6)."

Erika Meier, Arzthelferin: „Eine richtige Gaststätte muss billig sein (7) und viele Stammgäste haben (8). In den alten Wirtshäusern kann man in Ruhe sein Bier trinken (9). Die Bedienungen sollen schon Dirndl tragen (10). Und ein gutes Tellerfleisch muss auf der Karte stehen (11)."

Felix Faulstich, Jurist: „Ich will mich in unseren Wirtshäusern wohl fühlen (12). Die Bedienungen sollen fesche Dirndl tragen (13). Selbstbedienung mag ich nicht (14)."

Folgende Handlungen, Vorgänge oder Zustände sind

erlaubt: ____________ nicht erlaubt: ____________

notwendig: ____________ nicht notwendig: ____________

beabsichtigt: ____________ nicht beabsichtigt: ____________

erwartet: ____________ nicht erwartet: ____________

möglich: ____________ nicht möglich: ____________

erwünscht: ____________ nicht erwünscht: ____________

AUFGABE 16

Wandle die vorgegebenen Sätze sinngemäß in Sätze mit Modalverben um.

Beispiel: Es wird erwartet, dass das Paket frühzeitig zum Postamt gebracht wird. → Das Paket **soll** frühzeitig zum Postamt gebracht werden.

Wichtige Hinweise der Post auf einer Paketkarte

1. Es ist vorgeschrieben, dass dem Paket eine Paketkarte beigelegt wird.
2. Es ist erlaubt, dass bis zu 10 Pakete an denselben Empfänger auf einer Paketkarte zusammengefasst werden.
3. Es wird erwartet, dass für die Aufschrift des Pakets der amtliche Klebezettel verwendet wird.
4. Es ist nicht erlaubt, Paketkarten für Paketaufschriften zu verwenden.
5. Es wird verlangt, dass die Aufschrift des Pakets in allen Angaben mit der Paketkarte übereinstimmt.

6 Schlusstest: Konjugation

MERKE

Du hast die Wortart Verb kennengelernt. Es ist die einzige Wortart, die konjugiert wird.
Jede konjugierte Verbform ist durch fünf Merkmale bestimmt: (Person, Numerus, Tempus, Genus, Modus)

Beispiel:
(wir) lachen 1. Person | Plural | Präsens | Aktiv | Indikativ

Bei den zusammengesetzten Verbformen kannst du außerdem den infiniten Verbteil bezeichnen.

Beispiel:
(wir haben) gelacht Partizip II = 3. Stammform

Die wichtigste inhaltliche Leistung des Verbs ist es, Handlungen, Vorgänge oder Zustände zeitlich einzuordnen.
Erinnere dich daran, dass die Tempora keinen genauen Zeitpunkt bezeichnen, sondern immer auf die Sprechzeit bezogen sind.

TEST 1

Entscheide dich, ob die farbigen Verbformen finit oder infinit sind.

Was so alles geschrieben steht

1. Suche Reitstiefel und Reitkappe und altes Schaukelpferd.
2. Ia Dauerwurst – von unseren eigenen Schweinen hergestellt
3. Klassenlehrer günstig abzugeben. Kl. 11 b
4. Notausgang. Benutzung strengstens untersagt!
5. Achtung! Bin aus dem Urlaub zurück. Euer Polizist Bruno
6. Hier ist das Fischen nur den Vögeln gestattet.
7. Lehrstelle als Millionär gesucht. Sofort oder später
8. Mehrere Einwohner haben am Himmel ungewöhnliche Objekte gesichtet, darunter drei Müllmänner.

TEST 2

Welche der hier geschilderten Ereignisse sind zum genannten Zeitpunkt gegenwärtig, welche bereits vergangen, welche zukünftig? Trage die entsprechenden Satzziffern ein.

Der Weg der deutschen Mannschaft zur Goldmedaille im 10-km-Langlauf

7.32	1. Die deutsche Mannschaft steht auf und frühstückt.
8.41	2. Sie wärmt sich durch Gymnastik auf und bereitet sich auf den Wettkampf vor.
11.00	3. Los geht's.
	4. Der erste Läufer startet.
11.02	5. Die Mannschaft Norwegens setzt zur Verfolgung an.
11.27	6. Der erste Läufer übergibt an den zweiten.
11.35	7. Der Vorsprung der deutschen Mannschaft schrumpft.
11.50	8. Der zweite Läufer meistert die schwere Abfahrt.
	9. Die Zuschauer jubeln.
11.56	10. Der dritte Läufer startet.
12.22	11. Dem zweiten Läufer kommen die ersten Glückstränen.
	12. Der dritte Läufer legt einen fantastischen Endspurt hin.
12.24	13. Die deutsche Mannschaft gewinnt Gold!
20.00	14. Dann beginnt in Oberstdorf die längste Nacht des Jahres.

Zeitpunkt: 11.00 Uhr

vergangen: ____________________ gegenwärtig: ____________________

zukünftig: ____________________

1. Die deutsche Mannschaft ____

2. ____

Zeitpunkt: 12.24 Uhr

vergangen: ____________________ gegenwärtig: ____________________

zukünftig: ____________________

12. ____

14. ____

TEST

3 Bestimme die Verbformen vollständig nach Person, Numerus, Modus, Tempus und Genus.

Ein Glückspilz

Roy Whetstine hat das Geschäft seines Lebens gemacht, als er bei einer Edelsteinausstellung auf einen roten Kristallklumpen aufmerksam wurde. Er erkannte sofort, was sich dahinter verbergen könnte. Zehn Dollar waren die Kaufsumme für den verstaubten Stein. Seine Söhne hätten ihm erst das Geld borgen müssen, gab er nachher lachend bekannt. Er wurde so zum Besitzer des größten jemals gefundenen Saphirs. Dessen Wert wird auf 2,8 Millionen Dollar geschätzt. Wer von uns hätte nicht schon einmal von solch einem Glück geträumt?

TEST

4 **Wie komme ich bitteschön von A nach B?**

Finde heraus, was sich jeweils von der ersten zur zweiten Tempusform verändert hat. Benenne die Veränderung(en).

Beispiel: mit zwei Veränderungen!!

a) ich werde gelobt	b) ich werde loben	Tempus und Genus

mit einer Veränderung!

1. a) ich bin verloren	b) ich habe verloren	________________
2. a) ich werde warten	b) ich würde warten	________________
3. a) du tanzt	b) du kannst tanzen	________________
4. a) du hilfst	b) du halfst	________________
5. a) er geht	b) sie gehen	________________
6. a) er lacht	b) ich lache	________________

mit zwei Veränderungen!!

1. a) hilf!	b) du halfst	________________
2. a) sie wäre verschwunden	b) sie waren verschwunden	________________
3. a) er tanzt	b) du willst tanzen	________________
4. a) du siehst	b) du bist gesehen worden	________________

5. a) wir springen	b) sie sprängen	________
6. a) ich stolpere	b) ich sei gestolpert	________

mit drei Veränderungen!

1. a) du singst	b) ihr hättet gesungen	________
2. a) wir sind verraten	b) ihr verratet uns	________
3. a) seid brav	b) wir sind brav gewesen	________
4. a) wir würden bestraft	b) wir haben bestraft	________
5. a) ich lache	b) du hättest auch gelacht	________
6. a) sie sind gelaufen	b) ich sei gelaufen	________

TEST 5

Verändere die Verbform nach dem jeweils angegebenen Stichwort und verwende sie dann weiter. (Besonders Mutige machen es zunächst nur im Kopf.)

Beispiel:

Ich bin gegangen	Konjunktiv	ich sei gegangen
ich sei gegangen	Plural	wir seien gegangen usw.

Formenschlange oder: Bis zum bitteren Ende

Wie heißt die letzte Form?

1. ihr werdet gelobt	Singular	________
2. ________	Aktiv	________
3. ________	Konjunktiv I	________
4. ________	3. Person	________
5. ________	Perfekt	________

1. wir flogen	Konjunktiv II	________
2. ________	Plusquamperfekt	________
3. ________	Singular	________
4. ________	Passiv	________
5. ________	3. Person	________

Daß Schüler bereits vor mehr als 2500 Jahren die Konjugation von Verben üben mussten, beweist ein Stückchen Papyrus aus Ägypten.
Auf ihm steht:

Adverb

7

Aus dem Bordtagebuch eines Indienfahrers

Donnerstag und Freitag, den 11. und 12. Oktober

Ich blieb weiterhin auf west-südwestlichem Kurs. Wir hatten sehr unter dem Seegang zu leiden, mehr als jemals zuvor. Wir erblickten einige Vögel und ein grünes Schilfrohr; es schien so, als wäre es eben erst abgeschnitten worden. Nach Sonnenuntergang kehrte ich wieder zur Westrichtung zurück. Wir kamen mit einer Stundengeschwindigkeit von 12 Seemeilen vorwärts, und bis 2 Uhr morgens hatten wir 90 Seemeilen durchlaufen. Die „Pinta" war weitaus schneller als die beiden anderen Schiffe, deshalb entdeckte ein Matrose namens Rodrigo da Triana zuerst das Land. Allerdings hatte ich bereits um 10 Uhr nachts ein Licht bemerkt. Um 2 Uhr morgens kam Land in Sicht, von dem wir etwa 8 Seemeilen entfernt waren. Wir holten die Segel ein und benutzten nur das Großsegel. Dann ankerten wir und warteten bis zum Anbruch des Tages.

Wer war der Seefahrer, der nach Indien wollte und dabei einen neuen Erdteil entdeckte?
In diesem Bordtagebuch eines berühmten Kapitäns erfährst du Interessantes über die näheren Umstände eines weltbewegenden Ereignisses. Dass du dich in der Situation gut orientieren kannst, liegt vor allem an den Adverbien.

AUFGABE 1

Ergänze zu den angegebenen Vorgängen jeweils die weiteren wichtigen Angaben aus dem Text.

1 Ich blieb auf west-südwestlichem Kurs. ______________________

2. Wir hatten unter Seegang zu leiden. ______________________

3. Ich hatte um 10 Uhr ein Licht bemerkt. ______________________

4. Um 2 Uhr kam Land in Sicht. ______________________________

5. Wir holten die Segel ein. Wir ankerten. ______________________

6. Die Pinta war schneller. ________________________________

Info

Das **Adverb** bestimmt ein Geschehen oder Personen und Gegenstände genauer und macht nähere Angaben zum ganzen Satz.

Beispiele: Ich blieb weiterhin auf Kurs WSW. = Angaben zu einem Geschehen
Wir litten unter Seegang, mehr als zuvor. = Angaben zu einem Satz

Im Unterschied zum Adjektiv verändert es seine Form nie und steht im Satz alleine.

Die Adverbien lassen sich nach der **temporalen, lokalen, modalen** und **kausalen** Sinnrichtung unterscheiden.

Temporale Sinnrichtung

Info

Die **temporalen Adverbien** drücken zeitliche Umstände aus. Sie geben Auskunft auf die Fragen:
Wann? Seit wann? Wie lange? Wie oft?

Beispiel: Um 10 Uhr **nachts** hatte ich ein Licht bemerkt.

AUFGABE 2

Bringe die einzelnen Handlungen in die zeitliche Ordnung, indem du die Sätze richtig durchnummerierst. (Den ersten und den letzten Satz geben wir dir vor.)

Wie man in der Spanischen Hofreitschule das erste Mal ein Pferd besteigt

(1) Zunächst wird der junge Hengst in die Mitte der Reithalle geführt.
( ) Jetzt wird der Reiter dicht neben dem Pferd mehrmals hochgehoben.
( ) Hierauf lässt der Reiter ganz langsam sein Gewicht auf den Sattel nieder.
( ) Unterdessen ist der Reiter unauffällig neben das Pferd getreten.
( ) Zugleich muss das Pferd ein paar Schritte nach vorwärts tun und das ganze Gewicht des Reiters tragen.
( ) Dann hebt der Reiter vorsichtig erst das eine Bein über den Sattel.
( ) Einstweilen stützt er sich lediglich auf den Sattel, ohne sich hinzusetzen.
(8) Zuletzt zieht der Reiter das zweite Bein nach und sitzt auf dem jungen Pferd, ohne es erschreckt zu haben.

AUFGABE 3

Unterstreiche die temporalen Adverbien. Auf welche Verben beziehen sie sich?

Sprüche aus dem Poesiealbum

1. Was ein Häkchen werden will,
krümmt sich beizeiten.
Dein Turntrainer

2. Jedesmal, wenn die Schule beginnt,
packt mich sofort die Schlafkrankheit.
Mitschüler Kalle

3. *Wer mit dem Leben spielt,*
kommt nie zurecht,
wer sich nicht selbst befiehlt,
bleibt immer ein Knecht.
Dein Religionslehrer

4. *Wenn einst in fernen Tagen*
mein Name wird genannt,
dann kannst du sehr wohl sagen:
Die hab ich auch gekannt.
Mutter.

5. *Manchmal ereignet sich im Augenblick, was man bislang erhofft hat.*
Römische Weisheit. *Dein Lateinlehrer*

Lokale Sinnrichtung

Info

Die **lokalen Adverbien** machen Angaben zu den räumlichen und örtlichen Verhältnissen (Standort, Herkunft, Richtung). Du findest sie sehr häufig bei Verben der Bewegung. Sie antworten auf die Frage:
Wo? Wohin? Woher?

Beispiel: Ich kehrte zur Westrichtung **zurück.**

AUFGABE 4

Setze die folgenden lokalen Adverbien in die passenden Sätz ein:

hinauf und hinunter, hin und her, vor und zurück, hier und dort, oben und unten, drunter und drüber.

1. Beim Tennis spielen fliegt der Ball immer ______________________
2. Beim Schwimmen geht es im Wasser ______________________
3. Beim Klettern muss der Bergsteiger ______________________
4. Beim Fechten springt man ______________________
5. Beim Drachenfliegen ist man bald ____________ bald ____________
6. Beim Ringen liegt der eine ____________ der andere ____________

AUFGABE 5

Vervollständige die Rätsel, indem du jeweils das entgegengesetzte lokale Adverb einsetzt. Findest du jedesmal des Rätsels Lösung?

1. Suchst du mich, so bin ich ____________

   hast mich gefunden, so bin ich fort.

2. Rückwärts suchst du mich und ____________ immer vergebens,

   doch seitwärts triffst du rückwärts und ____________ mich.

3. ____________ Holz, unten Holz, vorne Holz, ____________ Holz,

   in der Mitte ein kalter Braten.

4. Man ruht ______________, man wohnt darunter,
und auch in Köpfen wächst es munter.

5. Es geht stets aus den Höhen ______________ des Steines Lauf;
das Ganze läßt ihn gehen hoch in die Luft hinauf.

6. „Ich“ ______________, „es“ draußen, „er“ hintendrein,
so ist es sicher. Siehst du’s ein?

AUFGABE 6

Ordne die Adverbien dem passenden Stichwort zu.

Ein einfaches Spiel mit zwei Würfeln

1. Jeder Spieler schreibt anfangs die Zahlen 2–12 nebeneinander auf ein Papier.
2. Dann beginnt derjenige, der obenan am Tisch sitzt.
3. Nun würfelt jeder und streicht sogleich die entsprechende Zahl durch.
4. Ist eine Zahl bereits durchgestrichen, geht der Würfel an den links sitzenden Mitspieler.
5. Die Zahlen 2 und 12 dürfen mehrmals durchgestrichen werden.
6. Wer zuerst alle Zahlen auf dem Papier durchgestrichen hat, ist Sieger.

temporale Adverbien: ______________ lokale Adverbien: ______________

Modale Sinnrichtung

Info

Die **modalen Adverbien** machen Angaben zu den näheren Begleitumständen eines Geschehens. Außerdem kannst du mit ihnen den Satz insgesamt beurteilen. Sie beantworten folgende Fragen:

Wie? Wie sehr? Inwiefern? Auf welche Art und Weise? In welchem Maße? Im Vergleich wozu?

Beispiele: Wir hatten **sehr** unter dem Seegang zu leiden.
Es schien **so,** als wäre das Schilfrohr eben erst abgeschnitten.

AUFGABE **7**

Ordne folgende modalen Adverbien zwischen „ja“ und „nein“ ein.

sicherlich, vielleicht, bestimmt, möglicherweise, kaum, zweifellos, irgendwie, gewiss, keineswegs.

Bist du fleißig? Ich bin ____________ fleißig.

(ja) ____

____ (nein)

ein wenig, etwas, weitaus, nur ein bisschen, sehr viel, einigermaßen, kaum, durchaus, nicht, immerhin, wohl, schon, schwerlich

Bist du stärker als ich? Ich bin ____________ stärker als du.

(nein) ____

____ (ja)

AUFGABE **8**

Stelle fest, wie das Adverb die Aussage näher bestimmt, und setze in die Klammer hinter dem jeweiligen Adverb das passende Zeichen.

(+) bedeutet	Erweiterung, Ergänzung, Hervorhebung
(–)	Einschränkung, Unbestimmtheit
(x)	Gegensatz, Widerspruch

Aus einer Schlussbemerkung unter einem Deutschaufsatz

Dein Aufsatz ist besonders (   ) im ersten Teil gelungen. Teilweise (   ) macht das Lesen deiner Erlebniserzählung richtig Spaß. Dagegen (   ) hast du im zweiten Teil dir weder (   ) große Mühe gegeben noch (   ) das Thema genau beachtet. Der Höhepunkt ist kaum (   ) erkennbar. Außerdem (   ) fällt auf, dass du ziemlich (   ) wenig anschauliche Adjektive verwendet hast. Jedoch (   ) ist der Schluss recht (   ) originell. Deine Arbeit wird den Anforderungen einigermaßen (   ) gerecht.

AUFGABE 9

Ersetze die folgenden Hauptsätze durch passende Adverbien.

Beispiel: Es ist sicher, dass ich morgen zu dir komme: ⟶ Sicherlich komme ich morgen zu dir.

1. Es besteht kein Zweifel, dass Kolumbus einer der größten Entdecker war.
2. Aber es ist auch sicher, dass er einem großen Irrtum erlegen ist.
3. Sein Irrtum bestand nämlich darin, dass er den Seeweg falsch berechnet hat.
4. Es ist möglich, dass er sein Unternehmen nicht sorgfältig vorbereitet hat.
5. Es war allerdings ein glücklicher Zufall, dass er dabei Amerika entdeckte.
6. Es ist zu bedauern, dass Kolumbus arm und einsam gestorben ist.
7. Das Unglück wollte außerdem, dass der Erdteil nicht nach ihm benannt ist.
8. Es ist zu hoffen, dass sein Name trotzdem niemals vergessen wird.

Kausale Sinnrichtung

Info

Die **kausalen Adverbien** begründen das Geschehen. Sie beziehen sich meist auf den ganzen Satz und beantworten die Fragen:

Wodurch? Womit? Wieso? Wozu? Mit welcher Folge? Warum?

Beispiel: Ich war krank, deshalb konnte ich am Ausflug nicht teilnehmen.

AUFGABE 10

Was geben die farbigen Adverbien an: Grund, Folge, Bedingung oder Zweck?

Hinweise für den Hundebesitzer

Jeder Hund ist ein Rudeltier. Deshalb ist es wichtig, dass immer Menschen um ihn herum sind. Es ist dazu notwendig, ihn nie längere Zeit alleine zu lassen. Sonst verkümmert seine Seele, und er wird folglich eher krank als ein glücklicher Hund. Wozu braucht der Hund den Menschen noch? Genau genommen zum Gehorchen. Der Hund braucht nämlich ein Leittier, das ihm überlegen ist. Notfalls muss man ihm das mit einem harten Griff klar machen. Sonst wird er machen, was er will. Deshalb muss der Mensch auch dafür sorgen, dass der Hund sein Futter bekommt. Dadurch gewöhnt er sich noch mehr an sein „Herrchen“.

AUFGABE 11

Finde zu den unterstrichenen Wörtern ein passendes Adverb in Frageform, so dass die vorgegebenen Sätze als Antwort möglich sind.

Beispiel: Wie muss der Hund gehorchen? —> Der Hund muss seinem Herrn aufs Wort gehorchen.

1. ______________________________

So wird ein Hund richtig erzogen.

2. ______________________________

Für diese Aufgabe musst du dir viel Zeit nehmen.

3. ______________________________

Mit Geduld und Zuwendung kannst du ihm am besten etwas angewöhnen.

4. ______________________________

Durch genaue Beobachtung lernst du auch sein Verhalten schnell verstehen.

5. ______________________________

Dein Hund braucht ständig Lob und Ermunterung.

6. ______________________________

Vor Schlägen und lautem Schreien hat ein Hund am meisten Angst.

Zusammenfassung und Test

MERKE

Das Adverb unterscheidet sich von den deklinierbaren und konjugierbaren Wortarten sehr wesentlich. Es verändert seine Form nie.
Es verdeutlicht einzelne Wörter oder den ganzen Satz und macht nähere Angaben zu vier Sinnrichtungen: lokal, temporal, modal, kausal.

TEST 1

Ordne die Adverbien je nach ihrer Sinnrichtung den entsprechenden Stichwörtern zu.

Geheimnis des Alltags: der Dosenöffner

In der Sendereihe „Die Geheimnisse des Alltags“ wenden wir uns heute einem Gegenstand zu, der unser Leben zutiefst verändert hat, dem Dosenöffner. Bald wird keine Hausfrau mehr auf diese Erfindung verzichten wollen. Der Ärger mit Nagelfeile und Schleifpapier ist nun endlich vorbei. Deswegen wollen Sie sicherlich wissen, wie er funktioniert. Er ist im Gebrauch besonders einfach. Sie nehmen zunächst das Gerät in die Hand und setzen es vorne – mit der Spitze unten – dort auf der Dose auf, wo Sie vorher ein Loch gebohrt haben: und dann – immer im Kreis herum. (Richten Sie deshalb vorsichtshalber Verbandszeug her.) Flugs ist die Dose geöffnet, und schon lächeln Ihnen die schönsten Dinge entgegen: Schuhcreme, Wiener Würstchen, Bier und Tennisbälle. Alles rein in den Topf – und alles mindestens eine Woche köcheln.

temporale Sinnrichtung: ______________________

lokale Sinnrichtung: ______________________

kausale Sinnrichtung: ______________________

modale Sinnrichtung: ______________________

TEST 2

Unterscheide das Adverb vom adverbialen und prädikativen Adjektiv. Führe die Adverbien und die Adjektive (in der Grundform) getrennt auf.

Aus dem ABC nach Hans Christian Andersen

Bauersleut leben heut / besser als in alter Zeit.
Elefanten tappen schwer / ebenfalls als Kind daher.
Ferkel werden niemals fein / folglich nie gesittet sein.
Hier und da und fern und nah / hört nicht jeder gern „hurra“.
Kuh ist weiblich, Stier ist Mann / Kälber kommen später dran.
Tönt auch wunderschön sein Lied / Teetopf summt nur, wenn er zieht.
Zöpfe, die man schneiden muss / zieren niemand. Aus und Schluss.

Adverbien: ______________________

Adjektive: ______________________

8 Präposition

Mach mal Urlaub auf der Südseeinsel Bora Bora!

Nördlich der Insel Tahiti liegt Bora Bora. Das Schönste sind die Riffinseln. Sie ziehen sich um Bora Bora wie in einem Kreis herum. Vielleicht wollen Sie auch am Nachmittag mit einem Glasbodenboot herumgondeln. Durch ein Fenster im Boden kann man während der Fahrt bunte Fische durchs Wassers flitzen sehen.
Wegen eines seltsamen Brauches unter den Eingeborenen empfiehlt sich ein Besuch auf der Insel Raiatea, die nicht weit von Tahiti entfernt liegt. Durch aufpeitschende Trommelschläge unempfindlich gegen Schmerzen gemacht laufen sie barfuß über glühende Kohlen. Dank ihrer erstaunlichen Körperbeherrschung tanzen sie dann ohne irgendeine Verletzung weiter.

Der Text, dem Polyglott Reiseführer „Südsee-Inseln" entnommen, gibt dir auf kurzem Raum sehr viele Informationen. Dies liegt an den vielen Präpositionen, mit deren Hilfe du rasch und knapp zwischen einzelnen Wörtern inhaltliche Beziehungen herstellen kannst.

AUFGABE 1

Ergänze die Präpositionen mit dem dazugehörenden Bezugswort aus dem Text und bestimme den Kasus.

	Kasus
1. nördlich ______________________	____________
2. in ______________________	____________
3. durch ______________________	____________
4. gegen ______________________	____________
5. über ______________________	____________

6. dank ______________________________ __________

7. ohne ______________________________ __________

Info

Die **Präposition** setzt Personen und Dinge in ein bestimmtes Verhältnis zueinander.
Im Satz kommt sie meist mit einem Substantiv oder Pronomen zusammen vor. Sie bestimmt den Kasus des Wortes, zu dem sie gehört. Präposition und abhängiges Wort nennt man zusammen **Präpositionalausdruck.**

Wie das Adverb drückt auch die Präposition verschiedene Sinnrichtungen aus:
lokal, temporal, kausal, modal.

Lokale Sinnrichtung

Info

Die **lokalen Präpositionalausdrücke** machen Angaben zu Raum und Ort. Sie bezeichnen die Lage, den Standort oder die Richtung.
Einige Präpositionen können sowohl den Dativ als auch den Akkusativ nach sich haben. Du kannst die Frage: **Wo?** oder **Wohin?** stellen.

Beispiel: Richtung (wohin?) Ich fliege **auf die Insel Tahiti.**
Lage (wo?) Ich bin endlich **auf der Insel Tahiti.**

Die Präpositionen können mit dem bestimmten Artikel (Maskulinum und Neutrum) zu einer Form verschmolzen werden.

Beispiel: durch das Wasser ⟶ durchs Wasser

AUFGABE

2 Ordne die Präpositionalausdrücke der richtigen Spalte zu.

Wie romantisch!

Gehen Sie doch abends einmal an den Strand. Suchen Sie sich unter den dunklen Palmen ein ruhiges Plätzchen. Schauen Sie zu, wie sich die Sonne auf das tiefblaue Meer niedersenkt und sich dann hinter den Horizont langsam zurückzieht. An dem dunklen Himmel leuchten bald funkelnde Sterne, und über Ihnen erstrahlt das berühmte Kreuz des Südens. Träumen Sie und lassen Sie alle Sorgen hinter sich. Und wenn sich zwischen Ihre Träume die melodischen Lieder der Eingeborenen mischen, dann spüren Sie den ganzen Zauber der Südsee.

Standort, Lage Dativ	Richtung, Ziel Akkusativ
______________________	______________________
______________________	______________________
______________________	______________________
______________________	______________________
______________________	______________________

AUFGABE

3 Schreibe die Präpositionalausdrücke mit lokaler Sinnrichtung heraus.

Die Deutsche Bahn AG informiert

Lieber Kunde. Sie reisen in einem unserer Großraumwagen.

Ihrer Bequemlichkeit dienen:
- Sitze mit verstellbarer Armlehne
- Hochklappbare Armlehne zwischen den Sitzen
- Leseleuchte über jedem Platz
- Klapptisch vor jedem Sitzplatz in der Rückenlehne des Vordersitzes
- Regale für Gepäckstücke neben den Eingängen
- große Abfallbehälter an den Türen
- in den Einstiegsräumen ein Hinweisschild zum Zugrestaurant

Wir wünschen gute Reise!

Die Bahn

Temporale Sinnrichtung

Info

Mit den **temporalen Präpositionalausdrücken** bezeichnest du den **Zeitpunkt** und die **Zeitdauer** eines Geschehens. Sie antworten auf die Fragen: **Wann? Seit wann? Wie lange? Wie oft?**

Beispiele: Zeitpunkt: **während** der Fahrt
Zeitdauer: all die Jahre **hindurch**

AUFGABE 4

Suche die temporalen Präpositionalausdrücke heraus und ordne sie richtig zu.

Mit dem „Palast auf Rädern“ durch Indien

Hauptbahnhof Delhi: Fauchend und auf Hochglanz poliert steht der Orientexpresszug abfahrbereit. Er verkehrt nur während der sechs kühlen Monate des indischen Winters. Von Oktober bis März herrscht Aufregung auf Bahnsteig 1. Und am darauf folgenden Mittwoch ist der „Palast auf Rädern“ bei Tagesanbruch wieder zurück. In aller Eile wird er sauber gemacht und aufpoliert. In kurzer Zeit kann die Fahrt durch das Land der Maharadschas erneut losgehen. In früheren Jahren hatten die Engländer ein hervorragendes Eisenbahnnetz aufgebaut, das bis auf den heutigen Tag alle Teile Indiens miteinander verbindet. Seit dieser Zeit kann man von Delhi aus mit dem Zug zu den großen Sehenswürdigkeiten fahren. Auch in unseren Tagen ist es noch ein großes Erlebnis; denn bei dieser Reise werden die Gäste wie Großfürsten aus vergangenen Tagen verwöhnt.

temporale Präpositionen mit Genitiv:

____

temporale Präpositionen mit Dativ:

____

____

temporale Präpositionen mit Akkusativ:

____

Modale Sinnrichtung

Info

Die **modalen Präpositionalausdrücke** helfen dir, die **Art und Weise** oder die **Eigenschaft** auszudrücken. Sie geben Antwort vor allem auf die Fragen: **Wie? Von welcher Art? Für wen?**

Beispiel: **Ohne jede Verletzung** tanzen die Eingeborenen weiter.

Folgende Präpositionen solltest du kennen:

mit Genitiv: abzüglich …, anstatt …, ausschließlich …, einschließlich …, trotz …

mit Dativ: aus …, außer …, bei …, in …, mit …, nach …, unter …, von …, zu …

mit Akkusativ: auf …, bis …, für …, gegen …, ohne …, über …, wider …

AUFGABE

5 Bestimme, welcher farbige Ausdruck die Art und Weise bzw. die Eigenschaft bezeichnet. Ordne ihn dann dem entsprechenden Stichwort zu.

Es geht weiter mit der Bahn durch Indien

Der „Palast auf Rädern" hat die Länge von 20 Waggons. Jeder dieser Salonwagen einschließlich der prächtigen Lokomotiven ist aus dem Besitz von Maharadschas und über 50 Jahre alt. Für europäische Verhältnisse herrscht ein verschwenderischer Luxus; jeder Passagier hat z. B. zwei Badezimmer mit vergoldeten Wasserhähnen. Die Innenausstattung ist bis in die Kleinigkeiten verschwenderisch. Das Essen nach Wahl wird auf Tellern aus Silber serviert. Für die Passagiere sorgt ein Personal, mit dem man sich auf Englisch verständigen kann, es erfüllt auch Wünsche außer der Reihe. Trotz der anstrengenden Eisenbahnfahrt fühlt sich jeder Reisende wie ein Maharadscha.

Art und Weise: ______________________________

____

Eigenschaft: ______________________________

____

AUFGABE 6

Ersetze die modalen Präpositionen durch solche, die das Gegenteil bezeichnen.

1. Gehen Sie ohne feste Schuhe und ohne Kletterseil ins Gebirge.
2. Verzehren Sie Ihr Essen mit Hast und in Eile.
3. Steigen Sie nur entgegen der Erlaubnis des Hüttenwirts auf.
4. Nehmen Sie alles Nötige mit, ausgenommen ein Notsignal.
5. Seien Sie über das gesunde Maß hinaus ehrgeizig.
6. Befolgen Sie diese Hinweise wider alle Vernunft.

So verhält man sich richtig im Gebirge!

1. ______________________________

2. ______________________________

3. ______________________________

4. ______________________________

5. ______________________________

6. ______________________________

Kausale Sinnrichtung

Info

Die **kausalen Präpositionalausdrücke** dienen dir dazu, das Geschehen zu begründen, indem die **Ursache,** das **Mittel,** die **Bedingung** oder der **Zweck** angegeben wird. Sie geben Antwort vor allem auf die Fragen:
Warum? Womit? Unter welcher Voraussetzung? Wozu?

Beispiel: **Wegen eines seltsamen Brauches** unter den Eingeborenen empfiehlt sich ein Besuch auf der Insel Raiatea.

Folgende Präpositionen solltest du kennen:
mit Genitiv: angesichts …, anlässlich …, aufgrund…, dank …, gemäß …, infolge …, trotz …, wegen …
mit Dativ: aus …, laut …, nach …, von …, zu …, zufolge …, … zuliebe
mit Akkusativ: auf …, durch …

AUFGABE 7

Bilde Präpositionalausdrücke mit dem richtigen Kasus.

Deshalb konnte ich nicht in die Schule kommen!

1. Anlässlich (Geburtstag von Kaiser Franz)
2. Aufgrund (kräftiger Knoblauchgenuss),
3. Wegen (angeborene Antriebsschwäche)
4. Gemäß (einstimmiger Familienbeschluss)
5. Aus (unerfindliche Gründe)
6. AUF (AUSDRÜCKLICHER WUNSCH MEINES KATERS)
7. Nach (uralte Indianerweisheit)
8. Infolge (plötzlicher Wintereinbruch)

AUFGABE 8

Suche die kausalen Präpositionalausdrücke heraus. Welche haben den Genitiv nach sich, welche den Dativ?

Sommerurlaub in Deutschland

Laut einer Umfrage fährt nur etwa die Hälfte der Deutschen in den Urlaub. Von denen bleiben aus finanziellen Gründen oder infolge schlechter Erfahrungen im Ausland viele zur Erholung im eigenen Land. Vor allem den Kindern gefällt der Urlaub wegen der vielen Freunde, die sie schnell finden, besser als Ferien im fremden Land. Auch die Eltern, die vielleicht nur ihren Kindern zuliebe hier geblieben sind, finden ihr Vergnügen: z. B. einmal nach Lust und Laune durch kleine romantische Dörfer zu bummeln. Trotz mancher Regenfälle werden sie sich prächtig erholen. Und dank der Bundesbahn kommt man auch wieder bequem nach Hause.

Zusammenfassung und Test

MERKE

Die Präposition kommt nur in Verbindung mit einem anderen Wort vor. Bei den deklinierbaren Wortarten bestimmt sie den Kasus.

Präpositionen haben bestimmte Sinnrichtungen.

Beispiele:	lokal:	Ich komme aus dem Haus.
	modal:	Das Essbesteck ist aus Silber.
	kausal:	Aus Interesse lese ich gerne Bücher über vergangene Zeiten.

Denke daran, dass du die Sinnrichtungen durch bestimmte Fragen herausfinden kannst.

TEST

1 Bestimme die Sinnrichtung und den Kasus der farbigen Präpositionalausdrücke und ordne sie zu.

Kein Faschingsscherz!

Der Krapfen gehört zum Fasching wie das Clownskostüm. Dass er nur durch Zufall erfunden wurde, weiß kaum jemand. Vor etwa 350 Jahren soll die Bäckermeisterin Cäcilie Krapf aus lauter Wut einem ungeschickten Lehrbuben ein Stück Teig quer durch die Backstube nachgeschleudert haben. Aber der Teig landete in einer Pfanne mit heißem Fett. Gegen alle Erwartung war die Bäckerin vom Ergebnis höchst entzückt. So wurde das „Wurfgeschoss" zu einem schmackhaften Geschenk für die Menschheit. Das alles soll einer Wiener Chronik zufolge im Jahr 1635 gewesen sein. Seit diesen Tagen kann man sich den Fasching ohne den Krapfen gar nicht mehr vorstellen. Sogar Seine Majestät der Kaiser ließ ihn bei allen Hofbällen auftischen. Manche machten sich schon damals einen Jux daraus, in einige Krapfen Senf statt Marmelade zu füllen. Also Vorsicht! Und ganz langsam in den weichen Teig hineinbeißen!

lokale Präpositionen mit Akkusativ:

____

temporale Präpositionen mit Dativ:

____

kausale Präpositionen mit Dativ:

___

modale Präpositionen mit Akkusativ:

___

TEST 2

Bestimme die Wortart der Ausdrücke mit der Präposition „auf".

„Ich gebe euch nun die Hausaufgaben auf morgen. Übersetzt das Kapitel 12 auf Seite 24. Wer sich nicht ganz sicher ist, kann die Aufgabe auch zunächst auf einem eigenen Blatt machen. Und legt wieder mehr Wert auf die Schrift. Auf jeden Fall möchte ich morgen die Lösungen auf Englisch auf den Tischen sehen. Noch eines: Schaut euch die Regeln auf derselben Seite genau an. Und achtet auf alles, was ich heute gesagt habe."

Substantivgruppe ___

Pronomen ___

Adjektiv ___

Adverb ___

TEST 3

Bestimme die Wortart bei den Präpositionalausdrücken und schreibe sie in die richtige Zeile.

Am nächsten Tag

„Susi, komm doch bitte nach vorne an die Tafel. An und für sich dürftest du keinen Fehler machen, weil wir die Aufgaben bis in jede Einzelheit besprochen haben. Von mir aus kannst du die Lösung vom Blatt ablesen. Und schreib' bitte deutlich, damit man es auch von weitem lesen kann. Für die anderen gilt es jetzt aufzupassen. Vergleicht eure Lösungen mit dem, was die Susi bis jetzt geschrieben hat."

Substantivgruppe ___

Pronomen ___

Adjektiv ___

Adverb ___

9 Konjunktion

Rundreise auf Tahiti

Die Fahrt ist an einem Tag gut zu bewältigen, und es bleibt genug Zeit für kleinere Aufenthalte oder Verschnaufpausen. Wenn man nicht hetzen will, sollte man spätestens gegen 8 Uhr morgens aufbrechen. Es empfiehlt sich, Tahiti im Uhrzeigersinn, also mit dem Lauf der Sonne zu umfahren, weil sich dann Ausblicke auftun, die schöner sind, als Sie sich vorstellen können. Nachdem man die Hauptstadt Papeete verlassen hat, erreicht man bald eine berühmte Sehenswürdigkeit der Natur. Am Ende von unterirdischen Gängen schießt das Wasser wie eine höllische Quelle meterhoch in die Luft. Bevor Sie wieder nach Papeete zurückkehren, können Sie noch einen kurzen Ausflug auf die Halbinsel Taiarapu mit den Resten uralter Tempelanlagen und herrlicher Privathäuser machen.

In diesem Text, mit dem du deinen Urlaub auf einer Südseeinsel noch etwas fortsetzen kannst, findest du viele Konjunktionen.

AUFGABE 1

Trage zu den vorgegebenen Konjunktionen die fehlenden Teile ein.

1. Die Fahrt ist an einem Tag gut zu bewältigen, und ______________________
2. Es bleibt genug Zeit für kleinere Aufenthalte oder ______________________
3. Fahren Sie im Uhrzeigersinn, also ______________________________________,
   weil ____
4. Die Ausblicke sind schöner, als ____
5. Das Wasser schießt wie ___________________________________ in die Luft.

Du stellst fest:
Konjunktionen verknüpfen Wörter oder Sätze miteinander.

Info

Konjunktionen verbinden Einzelwörter, Wortgruppen oder Sätze mit anderen. Sie stehen immer **am Beginn** des angefügten Teiles.
Nach der Art der Verknüpfung unterscheidet man die **nebenordnenden** von den **unterordnenden** Konjunktionen.

Nebenordnende Konjunktionen

Info

Nebenordnende Konjunktionen verknüpfen Wörter, Wortgruppen oder Sätze.

Beispiele: Die Fahrt ist an einem Tag gut zu bewältigen **und** es bleibt noch Zeit für kleinere Aufenthalte **oder** Verschnaufpausen.
Das Baden im Meer ist **zwar** nicht so angenehm **wie** bei uns in einem See, **aber** dafür ist es recht erfrischend. **Dennoch** lohnt sich ein Ausflug ans Meer immer.

Tipp: Beachte bei den nebenordnenden Konjunktionen die Zeichensetzung!

Ohne Komma werden verwendet:

	Bedeutung:
und, sowohl … als auch …, (so)wie	Gleichartigkeit
oder, entweder … oder …	Wahlmöglichkeit
wie, als	Vergleich

Immer mit Komma werden verwendet:

	Bedeutung:
aber, sondern, dennoch, zwar	Unterschied
denn, nämlich, also	Begründung

AUFGABE 2

Setze die folgenden Bruchstücke eines zerrissenen Geständnisses so zusammen, dass sie einen Sinn ergeben.
(Wenn du die Teile auf einzelne Zettel schreibst und dann zusammenfügst, geht es leichter.)

Ich bin ein Mörder!!!

Hiermit erkläre

Ich bin mit einer harten,

sondern auch den Wienern.

Aber ich bitte um Milde

und beschwöre, dass die Hamburger weder Schmerzen

oder etwas ähnlichem.

und Frankfurtern aus dem Weg gehen.

und in meinen Haaren stammt aus einer Ketschupflasche

Das rote Blut auf meinen Lippen

und um Gnade.

aber gerechten Strafe einverstanden.

oder Frankfurter dazu gezwungen.

noch Qualen erdulden mussten.

und bekenne ich, dass ich zwei Hamburger umgebracht habe.

In Zukunft werde ich nicht nur den Hamburgern,

Ich versichere

Denn ich wurde durch einen Wiener

AUFGABE

3 Wandle die Adjektive in der Klammer in die richtigen Formen um und füge die passende nebenordnende Konjunktion ein.

Wie warm ist der Mensch?

Der Körper des Menschen ist nicht überall gleich warm: (kalt) ist es an den Zehenspitzen, während sich die Haut an der Schulter ungefähr so (warm) ______________ unter der Achsel anfühlt. Die Körpertemperatur misst man (gut) im Mund, weil die Schleimhaut (genau) Werte gibt ______________ andere Körperteile. Wenn du aufwachst, fühlst du dich meist (frisch) ______________ am Abend. Kein Wunder: Dein Körper ist um 6 Uhr (kühl) ______________ 12 Stunden (spät).

Unterordnende Konjunktionen

Info

Unterordnende Konjunktionen verknüpfen einen **Gliedsatz** mit einem anderen Satz. Man nennt sie auch **Subjunktionen.** Dabei ist der Gliedsatz vom übergeordneten Satz abhängig. Der übergeordnete Satz kann ein Hauptsatz oder ebenfalls ein Gliedsatz sein.

Beispiele: (1) Ich spiele gerne Schach, (2) **weil** es so aufregend ist.
Der Gliedsatz (2) ist abhängig vom übergeordneten Hauptsatz (1).
(1) Ich spiele gern Schach, (2) **weil** es toll ist, (3) **wenn** ich gewinne.
Der Gliedsatz (3) ist abhängig vom Gliedsatz (2).

Einen Gliedsatz, an dessen Beginn eine unterordnende Konjunktion steht, nennt man **Konjunktionalsatz.**
Die unterordnenden Konjunktionen bestimmen die Sinnrichtungen des Gliedsatzes.

a) Durch **temporale Konjunktionen** drückst du das Zeitverhältnis zwischen zwei Sätzen aus. Die wichtigsten temporalen Konjunktionen sind:

Gleichzeitigkeit	Vorzeitigkeit	Nachzeitigkeit
während, indem, als, wenn sooft, sobald, solange	nachdem, als, wenn sobald, seit(dem)	bevor, ehe bis

Vorzeitigkeit: (1) Nachdem man die Hauptstadt Papeete verlassen hat, (2) erreicht man bald eine berühmte Sehenswürdigkeit. Das Geschehen in Satz (1) liegt zeitlich vor dem Geschehen in Satz (2).

Nachzeitigkeit: (1) **Bevor** Sie nach Papeete zurückkehren, (2) können Sie noch einen Ausflug machen. Das Geschehen in Satz (1) liegt zeitlich nach dem Geschehen in Satz (2).

b) Durch **kausale Konjunktionen** begründest du das Geschehen des übergeordneten Satzes. Die häufigsten kausalen Konjunktionen sind:

Grund, Ursache:	weil, da, dadurch dass
Ziel, Zweck:	damit
Bedingung,Voraussetzung:	falls
Folge, Auswirkung:	so dass
Einschränkung, Gegengrund:	obwohl

Beispiel: Sie sollten die Insel im Uhrzeigersinn umfahren, (2) **weil** sich da wunderbare Ausblicke auftun.

Die Tatsache in Satz (2) ist der Grund für die Empfehlung in Satz (1).

c) Mit Hilfe der **modalen Konjunktionen** bezeichnest du nähere Umstände des Geschehens im übergeordneten Satz. Die häufigsten modalen Konjunktionen sind:

begleitende Umstände:	indem
fehlende, unnötige Umstände:	ohne dass
Gegensatz:	während (hingegen)
Vergleich:	wie, als dass
Möglichkeit:	sofern

Beispiel: (1) Sie können ganz Tahiti mit dem Auto umfahren, (2) **ohne dass** Sie einmal anhalten müssen.

	Der Satz (2) nennt Umstände, die für das Geschehen in Satz (1) nicht nötig sind.
Beachte:	Auf zwei Besonderheiten musst du achtgeben: a) Einige Konjunktionen werden **sowohl nebenordnend als auch unterordnend** verwendet.
Beispiel:	Ich bin schneller, **als** du dir denkst. = nebenordnend **Als** ich heimkam, läutete das Telefon. = unterordnend
	b) Manche unterordnende Konjunktionen drücken **mehr als eine Sinnrichtung** aus.
Beispiele:	**Wenn** das Radio läuft, lerne ich nicht. = **temporal** (Gleichzeitigkeit) **Wenn** ich Geld habe, mache ich Urlaub. = **modal** (Bedingung)

AUFGABE 4

Verwandle den jeweils ersten Hauptsatz in einen Gliedsatz.

Beispiel: Ich habe mich geduscht. Nachher frühstücke ich.
Nachdem ich mich geduscht habe, frühstücke ich.

Ein ganz normaler Tag

1. Der Wecker klingelt. Vorher hat die Mutter bereits das Frühstück hergerichtet.
2. Der Wecker hat geklingelt. Danach wacht Klausi auf und dreht sich nochmals auf die Seite.
3. Klausi verzehrt genüsslich seine Haferflocken mit Schoko. Gleichzeitig hört er den neuesten Schlagern aus dem Radio zu.
4. Die erste Unterrichtsstunde hat begonnen. Unterdessen liest Klausi die Sportnachrichten.
5. Der Rundfunksprecher hat wie jeden Tag sein Programm unterbrochen. Dann ruft er: „Jetzt aber los, Klausi!“

AUFGABE 5

Die Geschichte der Xocoatl

1. Fernando Cortez eroberte für Spanien das Reich der Azteken.
2. Er entdeckte auch das Getränk Xocoatl.
3. Es wurde aus Kakaobohnen gewonnen.
4. Um 1530 brachte das erste spanische Schiff Kakaokerne nach Europa.
5. Das bittere Getränk wurde mit Zucker und Vanille versüßt.
6. Es eroberte schnell die Herzen und die Gaumen der Genießer.
7. In Preußen musste man eine Extra-Steuer dafür bezahlen.
8. Heute kann sich jeder mit wenig Geld Xocoatl kaufen.

Sicher hast du begriffen, was mit Xocoatl gemeint ist.
Wie nennt man heutzutage bei uns die Xocoatl? ______________

Wähle eine geeignete temporale Konjunktion und wandle den jeweils zuerst genannten Satz in einen Gliedsatz um.
Ordne die Sätze 1 + 2 gleichzeitig.
Ordne die Sätze 1 + 4, 4 + 6 vorzeitig.
Ordne die Sätze 8 + 7 nachzeitig.

AUFGABE 6

Setze die passenden modalen Konjunktionen in der richtigen Reihenfolge ein. Folgende Möglichkeiten hast du.

als dass – indem – ohne dass – ohne dass – sofern – während

Seife zum Selbermachen

1. Rühren Sie die Zutaten langsam zusammen, ______________ sich Bläschen bilden.
2. ______________ sich einige Öle gut vermischen lassen, kommt es bei anderen zu leichten Verfärbungen.
3. Sie vermeiden Verunreinigungen, ______________ Sie einen Glasstab verwenden.
4. ______________ die Seife auch noch gut duften soll, können Sie auch etwas Parfüm untermischen.
5. Seife selber machen macht zu viel Spaß, ______________ man es nicht einmal probieren sollte.

AUFGABE

7 Was wird durch die kausale Konjunktion bezeichnet, Bedingung, Folge, Grund, Zweck, Einräumung?

Seife zum Selbermachen

Die Seife ist ganz mild, so dass ihr Schaum auch nicht einmal in Kinderaugen brennt. Falls Sie eine sehr empfindliche Haut haben, können Sie die Seifencreme auch noch mehr verdünnen. Geben Sie zusätzlich ein paar Tropfen Kräuteröl hinzu, wenn Sie eine strapazierte Haut haben, weil sie z. B. zu viel Sonne abbekommen hat. Benützen Sie ein Rührgerät, damit die Zutaten sehr gut vermischt werden. Wenn die Mischung zu flüssig geworden ist, fügen Sie einige Gramm Verdicker hinzu.
Noch ein Hinweis: Experimentieren Sie mit den Mengen, obwohl die Zutaten nicht gerade billig sind.

Zusammenfassung und Test

MERKE

Mach dir nochmals den Unterschied zwischen den nebenordnenden und den unterordnenden Konjunktionen klar. Die nebenordnenden Konjunktionen verknüpfen gleichartige Einzelwörter, Wortgruppen oder Sätze mit anderen.

Die unterordnenden Konjunktionen leiten immer einen Gliedsatz ein, der zu einem übergeordneten Satz gehört, und bestimmen dabei die Sinnrichtung: temporal, kausal oder modal.

TEST

1 Bestimme, ob es sich um neben- oder um unterordnende Konjunktionen handelt.

Aus Werbeanzeigen für Urlaub und Ferien

Der skandinavische Sommer ist deshalb so groß und so heiß und so kribbelig und voller Früchte und Hechte und Blumen und Musik und so heiter oder in wenigen Worten: er platzt deshalb aus allen Nähten, weil die Götter als Ausgleich für die anderen Jahreszeiten ein unerhörtes Fest spendieren.
Urlaub! Neu und ganz anders. Und mit anderen die Lust am Leben genießen.

Surfen Sie allein oder gemeinsam. Oder entspannen Sie sich, bis Sie die Lust zu bekannten und unbekannten Abenteuern verspüren. Oder Spaß am Theater, auf oder vor der Bühne. Sie brauchen viel Phantasie, wenn Sie sich alle Möglichkeiten vorstellen wollen – für alle Gäste: die großen wie die kleinen …

TEST 2

Wandle die farbigen Ausdrücke in Konjunktionalsätze um. Bestimme anschließend die Art der Konjunktion.

Beispiel: Aus Ärger komme ich nicht —> Weil ich mich ärgere, komme ich nicht.

Schnell und kurz

1. Komme stop trotz Erkältung stop Onkel Fred
2. Nach Beendigung der Arbeiten Fenster schließen
3. Rufen Sie bei Gasgeruch sofort die Gaswache an!
4. Vor Inbetriebnahme des Geräts Benützerhinweise durchlesen
5. Verständigen Sie bitte im Unglücksfall meine Eltern!
6. Wegen Gleisarbeiten sind Zugverspätungen möglich.

TEST 3

Gib bei den unterordnenden Konjunktionen die Sinnrichtung (temporal, kausal, modal) an.

Die Osterinsel

Als die ersten Europäer auf die Osterinsel kamen, schien es ihnen so, als wären sie auf einem anderen Stern Paradies gelandet. Da gab es riesige Gestalten aus Stein, größer als ein Haus. Sie waren überall verstreut, als ob Götter sie vom Himmel geworfen hätten. Auch 200 Jahre später, als Touristen die Osterinsel besuchten, haben diese Steinfiguren ihren Zauber noch nicht verloren.
Während die meisten dieser tonnenschweren Denkmäler, die Moais genannt werden, von brutalen Eroberern umgestürzt wurden, ragen einige noch wie ehemals in den Himmel. Während man zwischen den hohen Gestalten hindurchgeht, weht einen der Hauch der Vorzeit an.
Wenn man entlang der Küste zum heiligen Berg Orongo fährt, stößt man auf alte Felsenwohnungen. Auch wenn sie heute nicht mehr bewohnt sind, so weiß man doch von Felsenzeichnungen, dass früher Menschen dort gewohnt hatten. Und immer wenn Eroberer die Insel überfielen, zogen sich die Einwohner hierher zurück.

10

Schlusstest: Nichtflektierbare Wortarten

MERKE

Du hast die Wortarten Adverb, Präposition und Konjunktion kennen gelernt. Ihnen ist gemeinsam, dass sie nicht flektiert werden, d.h. sich ihre Wortformen nicht verändern. Ein nichtflektierbares Wort nennt man eine Partikel. Partikeln drücken bestimmte Sinnrichtungen aus und beziehen sich auf einzelne Wörter oder den ganzen Satz. Die Partikeln gehen oft Verbindungen mit anderen Wortarten ein.

Die Adverbien *da, hier* und *wo* werden mit Präpositionen zusammengesetzt. Man nennt sie Pronominaladverbien.

Beispiel: Ich bekam gestern viele Geschenke. Ich freute mich darüber.

Adverbien oder Präpositionen können mit Verben zusammengesetzt werden. Man nennt dies Verbzusatz, der sich bei finiten Verbformen abtrennt.

Beispiel: auffinden ⟶ ich finde auf

TEST 1

Beantworte zunächst folgende Fragen zu den „kleinen, aber feinen" Wörtern. Kreuze die jeweils zutreffende Eigenschaft an.

Eigenschaft	Adverb	Präposition	Konjunktion neben-ordnend	Konjunktion unter-ordnend
1. ist mit einem Wort verbunden				
2. verbindet Sätze				
3. bestimmt den Kasus				
4. kann im Satz mehrmals vorkommen				

TEST 2

Vervollständige die Tabelle unten.

So stellt man Joghurt selber her

Anwendung: Verwendbar ist jede Milch aus dem Handel. H-Milch kann ohne Erhitzung sofort verwendet werden. Jede andere Milch bis an den Siedepunkt erhitzen, um unerwünschte Keime abzutöten. Milch daraufhin auf 45 °C abkühlen! 1 Beutel Joghurt Ferment in 1 Liter der so vorbereiteten Milch einrühren, diese dann in den Joghurtbereiter geben und bis 5 Stunden reifen lassen. Während der Reifung Gläser nicht bewegen! Nach der Reifung Gläser im Kühlschrank aufbewahren! Der Joghurt ist fertig, wenn er stichfest ist. Für weitere Zubereitungen werden jeweils 3 Esslöffel des selbst zubereiteten Joghurts auf 1 Liter Milch gegeben.

adverbiale/prädikative Adjektive:	Adverbien:	Präpositionalausdrücke:
verwendbar ______	______	______
______	______	______

TEST 3

Verstärke die Bedeutung der Präposition, indem du dahinter ein passendes Adverb schreibst.

Beispiel: Ich gehe in das Haus **hinein.**

Erlebnisse an der Nordsee

Es macht einen Riesenspaß, mit dem Pferdewagen kreuz und quer durch das Wattenmeer ______ zu fahren, von Cuxhaven ______ zu herrlichen Badeinseln ______. Vielleicht darfst du sogar auf dem Kutscherbock ______ sitzen und von dort ______ die Pferde lenken. Allerdings muss man nach einiger Zeit wieder zum Land ______, weil einen sonst die Flut von hinten ______ einholt. An Land ______ warten bereits die Krabbenfischer mit ihrem Fang. Die Krabben schmecken in diesem Augenblick ______ besonders köstlich. Versuche sie mit etwas Zitrone ______, und du bist für alle Ferientage ______ stark wie ein alter Seebär.

TEST

4 Vermeide die unschönen Wortwiederholungen, indem du das entsprechende Pronominaladverb einsetzt.

Ein weiterer Ferienspaß an der Nordsee

An der Nordsee gibt es viele lohnenswerte Ausflugsziele. Zu diesen Ausflugszielen gehört auch die Insel Helgoland, zu der stündlich Schiffe fahren. Nach der Überfahrt empfiehlt sich die Helgoländer Düne zum Baden. Du kannst dann sogar beim Baden Robben auf Sandbänken sehen. Hinter den Sandbänken fährt auch manchmal ein großer Ozeanriese vorbei. Wenn du nach dem Baden das große Aquarium besuchst, dann sieh dir auf jeden Fall das große Bassin mit den Haien an. In diesem Bassin segeln riesige Rochen durch das Wasser.

TEST

5 Ordne die farbigen Partikeln richtig ein.

Urlaub auf dem Bauernhof (Kann sehr schön sein!)

„Warum denn in die Ferne schweifen, wo doch das Gute liegt so nah?“ Mit diesem altbekannten Spruch lockt der oberbayerische Fremdenverkehrsverband deutsche Gäste ins eigene Land. Und es stimmt: Gerade die Kinder aus der Großstadt erleben wahre Wunder zwischen Feld und Flur. Wo sonst dürfen sie rosa Schweinchen übers borstige Fell streicheln? Wann haben sie jemals zuvor eine lebendige Kuh mit Gefühl oder mit Gewalt gemolken? In der Nacht lauschen sie dann Gesängen, die genauso seltsam klingen wie die Lieder der Eingeborenen auf Tahiti. Aber ganz im Ernst: Es lohnt immer, wenn man sich die eigene Heimat genau anschaut. Weil man dabei Herrliches erleben kann, ist auch der Urlaub auf einem Bauernhof eine Reise wert.

Adverbien: ______________________________

Präpositionalausdrücke: ______________________________

Konjunktionen:
beiordnend ______________________________

unterordnend ______________________________

TEST 6

Wandle die Adverbien in Präpositionalausdrücke um.

Beispiel: vormittags (Adverb) ⟶ am Vormittag (Präpositionalausdruck)

Wetterbericht

Südbayern: Rascher Übergang zu starker Bewölkung mit zeitweiligen Regenfällen, mittags sonnige Abschnitte. Schwacher bis mäßiger Wind, abends böig um West.

Alpengebiet: Tagsüber Eintrübung und Regen, samstags aufgelockerte Bewölkung, später aber niederschlagsfrei. Nachts Temperaturen um 18 Grad, Tiefstwerte um 12 Grad. Am Wochenende anfangs Berge in Wolken, sonntags frei. Temperatur in 2000 m bis 5 Grad sinkend, in der Höhe frischer Westwind.

Vorhersage für Samstag und Sonntag: keine wesentlichen Änderungen.

11 Quiz

Bei diesem Quiz kannst du prüfen, wie gut du die grammatischen Fachausdrücke kennst. Manche Antwort wirst du raten müssen.

1. Welches ist die häufigste Wortart?
   a) Verb b) Adjektiv c) Substantiv
2. Wie viele Wörter enthält der deutsche Wortschatz?
   a) bis 100 000 b) bis 500 000 c) bis 1 Million
3. Wie viele Formen hat ein vollständig konjugiertes Verb?
   a) 48 b) 96 c) 144
4. Wie viele unregelmäßige Verben gibt es im Deutschen?
   a) 200 b) 225 c) 250
5. Wo kommen die wenigsten Passivformen vor?
   a) in Zeitungstexten b) in Liebesromanen c) in Gebrauchsanleitungen
6. Zu welcher Wortart gehören folgende Begriffe?
   (Trage in die richtige Spalte ein Kreuzchen ein.)

	Substantiv	Adjektiv	Pronomen	Verb
Deklination				
Konjunktiv II				
Plural				
Passiv				
2. Person				
Imperativ				
Superlativ				
indefinit				
Vergangenheit				
kongruent				
gleichzeitig				

7. Welche Wortart hat folgende Eigenschaften?

	Verb	Subst	Art	Pron	Adj	Adv	Präp	Konj
steht im Satz allein								
kann sich verändern								
bestimmt den Kasus								
kann gesteigert werden								
hat zusammenges. Formen								
steht vor dem Substantiv								

8. Streiche den Begriff durch, der nicht in die Reihe gehört.
a) konjugiert b) dekliniert c) finit d) infinit
a) Präteritum b) Konjunktiv c) Konjunktion d) Passiv
a) Präposition b) Genus c) Kasus d) kausal

9. Streiche jeweils durch, was nicht zum ersten Begriff passt.
a) Substantiv Adjektiv, Konjunktion, Genitiv
b) Modus Kasus, Tempus, Genus des Verbs
c) Pronomen modal, demonstrativ, indefinit

10. Manche grammatischen Begriffe gehören paarweise zusammen. Finde jeweils den fehlenden Begriff.

a) Aktiv ____________________

b) nebenordnende Konjunktion ____________________

c) Abstraktum ____________________

11. Wie heißt der dritte Begriff?

a) Positiv b) Komparativ c) ____________________

a) Modalverb b) Hilfsverb c) ____________________

a) Adverb b) __________ c) Konjunktion

12. Was ist was? (Verwende die Abkürzungen: F = Wortform, W = Wortart)
a) Konjunktion ( ) b) Konjunktiv ( )
a) Partikel ( ) b) Partizip ( )
a) Genus ( ) b) Genitiv ( )

Verzeichnis der grammatischen Fachausdrücke

lat.	deutsch	Beispiel
Abstraktum	Begriffswort	Gedanke; Freiheit; Lebewesen
Adjektiv	Eigenschaftswort, Beiwort	schön; grün; klar
Adverb	Umstandswort	heute; oben; sehr; deshalb
adverbiales Adjektiv	einem Verb beigefügtes Adjektiv	ich singe **schön**
Akkusativ	4. Fall, Wenfall	ich sehe **dich, das Haus, den Himmel**
Aktiv	Tätigkeitsform des Verbs	ich tanze; es schneit; es ist kalt
Artikel	Geschlechtswort	**das** Mädchen; **ein** Mädchen
attributives Adjektiv	einem Substantiv beigefügtes Adjektiv	das **schöne** Haus, ein **roter** Hut
Dativ	3. Fall, Wemfall	ich danke **dir, dem Freund,** der **Freundin**
Deklination	Beugung, Veränderung des Kasus	das Haus, **des** Hauses
Demonstrativpronomen	hinweisendes Fürwort	**dieser** Tisch; **jene** Berge
Femininum	weibliches Geschlecht	**die** Frau, **die** Trompete, **die** Liebe
finites Verb	Verbform mit Angabe der Person	ich **komme,** du **wirst** kommen
Flexion	Beugung, Formveränderung eines Wortes	ich tanze, wir **tanzten;** das Haus, **die Häuser**
Futur I	erste Zukunft	ich **werde tanzen**
Futur II	zweite (vollendete) Zukunft	ich **werde getanzt haben**
Gegenwart	Zeitstufe	ich tanze; ich habe getanzt
Genitiv	2. Fall, Wesfall	das Haus **des Försters;** während **des Sommers**
Genus	grammatisches Geschlecht	**der** Ball; **die** Pfeife; **das** Spiel

Genus des Verbs	Sehrichtung einer Verbform	ich **lobe; ich werde gelobt**
Gleichzeitigkeit	Zeitverhältnis	ich **singe** und (gleichzeitig) **tanze** ich
Hilfsverb	Teil einer zusammengesetzten Verbform	ich **werde** tanzen; du **hast** gesungen
Imperativ	Befehlsform des Verbs	lache! bewegt euch!
Indefinitpronomen	unbestimmtes Fürwort	**irgendeine** Person; **niemand**
Indikativ	Wirklichkeitsform des Verbs	ich **komme;** wir **lachten**
infinites Verb	Verbform ohne Angabe der Person	singen; singend; gesungen
Infinitiv	Nennform, Grundform des Verbs	singen; sich freuen
Interrogativpronomen	fragendes Fürwort	**Welche** Farbe hat der Hut? **Wer** ist das?
Kasus	Fall	das Haus, **den** Häusern
kausal	den Grund betreffend	deshalb; **aus** Angst; ich esse, **weil** ich Hunger habe
Komparation	Steigerung des Adjektivs	schön, schön**er,** am schön**sten**
Komparativ	erste Steigerungsstufe des Adjektivs	**älter als** du
Konjugation	Beugung des Verbs	ich tanze; du hast gesungen
Konjunktion	Bindewort	ich **und** du; ich tanze, **weil** ich mich freue
Konjunktiv I	Möglichkeitsform der Gegenwart	man **nehme;** so **sei** es
Konjunktiv II	Möglichkeitsform der Vergangenheit	es **wäre** schön, wenn du hier **sein könntest**
Konkretum	Gegenstandswort	der Ball; der Baum
lokal	den Ort betreffend	oben; **in den** Wald
Maskulinum	männliches Geschlecht	**der** Wald; **der** Gedanke; **der** Freund

modal	die Art und Weise betreffend	besonders; **ohne** Verletzung; ich arbeite, **soweit** ich kann
Modalverb	Verb zur Bezeichnung der Handlungsart	ich **kann** tanzen; du **darfst** schwimmen
Modus	Aussageweise des Verbs	ich **komme;** ich **käme; komm**
Nachzeitigkeit	Zeitverhältnis	ich **tanze** und du **wirst** (nachher) **singen;** ich tanze, **bevor** du singst
Neutrum	sächliches Geschlecht	**das** Mädchen; **das** Lied
Nomen (Substantiv)	Namenwort, Dingwort, Hauptwort	Ball; Mädchen; Gefühl
Nominativ	1. Fall, Werfall	dieses Haus; ich
Numerus	Anzahl	das Haus, die Häuser; ich, wir
Objekt	Satzglied, Ergänzung	ich sehe **dich**
Partikel	nicht veränderbares Wort	immer; während; und auch
Partizip I	Mittelwort der Gegenwart	singend; schwebend
Partizip II	Mittelwort der Vergangenheit	gesungen; gewesen
Passiv	Vorgangsform des Verbs	ich **werde gelobt;** ich **bin gelobt**
Perfekt	vollendete Gegenwart	ich **habe gelacht;** ich **bin gewesen**
Personalpronomen	persönliches Fürwort	ich; du; ihr; sie
Plural	Mehrzahl	die **Häuser; wir**
Plusquamperfekt	vollendete Vergangenheit	ich **hatte getanzt;** du **warst** krank **gewesen**
Positiv	Grundstufe des Adjektivs	ich bin **so groß wie** du
Possessivpronomen	besitzanzeigendes Fürwort	**mein** Buch; **seine** Freunde
Prädikat	Satzaussage	Der Vogel **fliegt.**
prädikatives Adjektiv	zum Prädikat gehörendes Adjektiv	Das Haus **ist groß.**
Präposition	Verhältniswort	**vor dem** Haus; **während des** Tages
Präsens	Gegenwart	ich **lache** (gerade)

Präteritum	Vergangenheit	ich **tanzte** gestern
Pronomen	Fürwort	**dieses** Mädchen; **du; wer?**
Reflexivpronomen	rückbezügliches Fürwort	Der Junge beeilt **sich;** die Katze putzt **sich.**
Relativpronomen	bezügliches Fürwort	das Mädchen, **dem** der Ball gehört
Singular	Einzahl	das Haus; ich tanze
Subjekt	Satzgegenstand	**Der Ball** ist rund.
Substantiv (Nomen)	Namenwort, Dingwort, Hauptwort	Ball; Gefühl; Mädchen
Superlativ	zweite Steigerungsstufe des Adjektivs	das **schönste** Haus; ich bin **am größten**
temporal	die Zeit betreffend	nachts; **in den** Ferien; **sooft** ich tanze, singe ich
Tempus	Zeifform des Verbs	ich **lache, lachte, habe gelacht**
Verb(um)	Tätigkeitswort, Zeitwort	singen; scheinen; sein
Vergangenheit	Zeitstufe	ich **tanzte, hatte getanzt**
Vorzeitigkeit	Zeitverhältnis	ich **frühstückte, nachdem** ich mir (vorher) die Hände gewaschen hatte.
Zukunft	Zeitstufe	ich **werde tanzen, getanzt haben**

Quellenhinweise

Folgenden Büchern, die zum Weiterlesen empfohlen werden, sind inhaltliche Anregungen und Übungstexte (mit Änderungen) entnommen:

1. Deutsches Rätselbuch, Hg. Schlupp, Volker, Stuttgart 1972 (reclam Nr. 9405-09)
2. Deutsche Unsinnspoesie, Hg. Dencker, Klaus Peter, Stuttgart 1978 (reclam Nr. 9890)
3. Kahler, Elke/Kohlsaat, Friedrich: Zauberkiste, Hamburg 1985 (Rowohlt, rotfuchs Nr. 319)
4. Krüss, James: Seifenblasen zu verkaufen, Gütersloh 1972 (Bertelsmann)
5. Mieder, Wolfgang: Honig klebt am längsten, München 1985 (Heyne)
6. Owen, Robert: Spaß am Reiten, Hamburg 1974 (Neuer Tessloff)
7. Robbin, Irving: Versunkene Städte, Hamburg 1963 (Neuer Tessloff)
8. Kania, Thomas/Rosenberg, Leibl: Das Dingsdabuch ist da, München 1985 (Goldmann)
9. Mit Kindern reisen, Ferienspaß an der Deutschen See (Pelikan Ferienführer)
10. Polyglott-Reiseführer: Südseeinseln, München 1980 (Polyglott)
11. Christoph Kolumbus: Bordbuch, Frankfurt am Main 1981 (Insel Nr. 476)
12. Wegen Eröffnung geschlossen, Hg. B. Wittich, München 1987 (dtv Nr. 10695)
13. Handler, Hans: Das Schönste aus der Spanischen Hofreitschule, Wien 1975 (Molden)

Nachrichten aus aller Welt, Sportberichte und Horoskoptexte haben (mit Änderungen) die „Süddeutsche Zeitung“ und „Abendzeitung“ veröffentlicht.

Platz für Notizen

Platz für Notizen

Platz für Notizen